ı Das Paradies ist kein Ort, wo man hingeht, sondern ein Bewusstseinszustand.

الجنه ليس مكان يذهب اليها ألإنسان وإنما حالة يعيشها ı

(Al dganna laissa makan jashab iliejh al inssan woa inemma halet jaischuha)

A Paradicsom nem egy hely ahová eljuthatunk, hanem egy tudati állapot.

Het paradijis is geen plaats om er naartoe te gaan maar een bewustzijnstoestand.

El paraíso no es un lugar para acurdirse pero es un estado de consciencia.

Il paradiso no é un luogo dove andare, ma uno stato della coscienza.

Paradise is not a place you go to; it is a state of consciousness.

Le paradis n'est pas un endroit où on va; mais plutôt un état de conscience.

La paradizo ne estas loko por aliri, sed statd de konscio.

Cennet gidilebiliecek bir yer değil, bir bilinç durumu.

Ο παράδεισος δεν είναι ένα μέρος για να πάει αλλά μια κατάσταση συνείδησης.

O paraíso não é um lugar para ir, mas um estado de espírito.

נפשי מצב אלא, אליו ללכת מקום לא הוא העדן גן.

Рай — это не место, куда идут, а состояние души.

楽園とは行くべき場所ではなく、心の状態である。

(raku'en towa ikubeki basho deha naku, kokoro no jôtai de aru.)

स्वर्ग जाने के लिए जगह नहीं है, लेकिन मन की एक स्थिति है

Paradise er ikke et sted at gå, men en sindstilstand.

S. R. Covey, 1932 – 2012, US-amerik. Buchautor, Managementtrainer

MYSTISCHE TEXTE
AUS OST UND WEST

Herausgegeben von
Karim El Souessi

INHALT

ZEN

Die Vier Großen Gelübde	10
Fürbitte	10
Ti-Sarana	11
Abendruf	11
Enmei Jik ku Kannon Gyō	11
Am Morgen	12
Kai Kyo Ge (Eröffnungs-Sutra)	12
Maha Prajna Paramita Hrdaya Sutra	13
Makahannya Haramita Shingyo	14
Diamant-Sutra	15
„Über Zen"	18
Das Gelübde der Menschheit	18
Buddhas Erleuchtung	19
Gesang vom Erkennen des TAO	20
Inschrift vom Glauben an den Herz-Geist	30
Das Lied vom Juwelen-Spiegel-Samadhi	34
Die Lehre der sieben Buddhas	38
Die drei reinen Gebote	38
Sangemon | Reinigung | Bekenntnis	38
Die zehn ernsten Gebote	39
Bendowa	42
Fukanzazengi	43
Den Weg ergründen	46
Tag und Nacht	46
Bodhisattva Gelübde	47
Preisgesang auf ZaZen	48
Über die Atmung	49
Bitte ruf mich bei meinen wahren Namen	50
Gautama Buddha	52
Die Erfahrung des Chosetsu Shûsai	53
Gewissheit des Mahamudra	54
Alle Dinge sind vergänglich	55
Epilog	56
Suche es nirgendwo sonst	57

Samadhi   58
Der Weg des Mitgefühls   59
Regeln für den Alltag   60
Tao Tse King   62
Der höchste Mensch   68

KONTEMPLATION
Aus „Das Hohelied der Liebe"   72
Aus dem Thomasevangelium   73
Gesang an Gott   74
Die erste Ursache hat nichts Irdisches an sich   75
Die Ursache von allem   76
Gott ist alles   78
O Gott, nimm mich mir   78
Ich bin das heimliche Feuer in allem   79
Denn ich bin das Leben   79
Hadewijch an die jungen Beginen   80
Man muss Mensch und Gott...   80
Allein in der uferlosen Ewigkeit   81
Aus „Das fließende Licht der Gottheit", Buch 1   81
Die Nächstenliebe gehorcht einzig nur der Liebe   82
Das Gebet   83
Gott ist allzeit bereit   83
Der Mensch muss sich lassen   84
Du brauchst Gott weder hier noch dort zu suchen   84
Wie denn soll ich Gott lieben?   85
Gott und ich wir sind eins   85
In der Liebe   86
Ein armer Mensch   86
Wäre Gott begreiflich   88
Das höchste Werk   90
Aus: Das Buch der Wahrheit   91
Alle Dinge haben ihre Zeit   92
Der Mensch soll seinen Grund wahrnehmen   92
Gelassenheit   93
Suche nichts als reines, einfaches Entsinken   94

Der wahre Frieden 95
Der Mensch lasse die Bilder der Dinge 95
Wenn der Mensch in der Übung der inneren Einkehr steht 96
Die Luft, in der wir leben 96
Stufen des Weges 97
Meister der Kontemplation, Francisco de Osuna 103
Gott ist gegenwärtig 109
Aus „Cherubinischer Wandersmann" 110
Der Weg nach Hause 113
Mit dem Einswerden 115
Herr der Töpfe und Pfannen 116
Wer Ohren hat, der höre! 117
O Gott nimm mich mir 117
Stille hinter der Stille 117

SUFISMUS

Der Fluss und seine Wellen 120
Das, was du suchst 120
Ich will Wasser in die Hölle gießen 121
In meiner Seele 121
Komm, komm, wo immer du gerade bist 122
Zwischen Reiz und Reaktion gibt es einen Raum 122
Das Herz wie Korn 122
Mein Ort ist da, wo kein Ort ist 123
Stille 123
Wo ist die Tür 124
Die großen Religionen 124
Ich habe so viel gelernt 125
Gott spricht 125
Jede Gestalt 126
Liebeserklärung 126

HINDUISMUS

Namasté 130
Kehre dich nach innen 130
Würdest du nur... 131

Ich sollte meinen Nächsten lieben   131
Der Höhepunkt aller...   132

JÜDISCHE MYSTIK
Achte auf deine Gedanken   136
Der Kabbalistische Baum   136

TRANSKONFESSIONELLE MYSTIK
Über die Geduld   140
Desiderata   141
Endlos   143
Das schönste und tiefste Gefühl   143
Die längste Reise ist die Reise nach innen   144

Literaturangaben   146
Impressum   146

Zen

四弘誓願	shi gu sei gan
眾生無邊誓願度	shu jō mu hen sei gan do
煩惱無盡誓願斷	bon nō mu jin sei gan dan
法門無量誓願學	hō mon mu ryō sei gan gaku
佛道無上誓願成	butsu dō mu jō sei gan jō

Die Vier Großen Gelübde (Die Lehre Buddhas zusammengefasst)

Zahllos sind die Lebewesen,
alle gelobe ich zu retten.
Endlos täuschendes Denken und Fühlen,
alles gelobe ich zu durchschneiden.
Unerforschbar ist der Dharma,
ihn gelobe ich ganz zu durchdringen.
Unerreichbar der Weg des Buddha,
ihn gelobe ich ganz zu gehen.

Fürbitte

Mögen Leidende frei sein von Leiden
und Trauernde wieder froh im Herzen;
mögen Ängstliche die Angst verlieren
und Kranke geheilt sein von Schmerzen.
AUM MA NI PAD ME HUM

AUM: setzt sich zusammen aus Adhi Atma: Tagesbewusstsein - Materielle Welt, Ubhayatva: Traumschlaf und Miti: Tiefschlaf - Unbewusstes mit Übergang in die Transzendenz (Bogen) und Punkt (für die Quelle, aus der alles kommt, das absolute Bewusstsein, das die anderen Zustände erleuchtet). Es verweist darauf, dass alles, auch alle Bewusstseinszustände, miteinander verwoben sind. Mani padme: Juwel im Lotos - hum: hervorbringen, im Sinne von „Möge die Wahrheit hervortreten".

Ti-Sarana

Buddham Saranam Gacchāmi
Dhammam Saranam Gacchāmi
Sangham Saranam Gacchāmi
ōm Shānti Shānti Shānti

Ti-Sarana - deutsche Übersetzung: Ich nehme Zuflucht zu Buddha. Ich nehme Zuflucht zu Dharma. Ich nehme Zuflucht zur Sangha (= Gemeinschaft). Die Zufluchten beziehen sich auf die Lehre Buddhas, die universelle Wahrheit (Dharma) und die Gemeinschaft, die danach strebt. Shānti = Frieden

Abendruf

Aus tiefstem Herzen sage ich euch allen:
Leben und Tod sind eine große Sache.
Schnell vergehen alle Dinge.
Darum seid stets achtsam, ganz aufrichtig und ganz gegenwärtig.

En-mei Jik ku Kan-non Gyō

Kan-ze-on	Kanzeon!
na-mu butsu	Verehrung dem Erwachten!
yo butsu u in	Mit dem Erwachten bin ich eins im Ursprung.
yo butsu u en	Im Erwachten eins mit allem.
bup-pō sō en	Verbunden mit dem Erwachten, mit Dharma und Shanga.
jō-raku ga jō	Ewig, freudig, rein.
chō nen kan-ze-on	Am Morgen - mein Gedanke ist Kanzeon.
bō nen kan-ze-on	Am Abend - mein Gedanke ist Kanzeon.
nen nen jū shin ki	Gedanke um Gedanke entsteht aus dem Herz-Geist.
nen nen fu ri shin.	Gedanke um Gedanke ist nicht getrennt vom HERZ-GEIST.

Am Morgen

Jeder Tag des Lebens ist Übung, Übung für mein Selbst. Mag ich auch scheitern, ich lebe in Einheit mit allen Dingen. Offen - bereit für was immer kommt, bin ich lebendig, bin ich der Moment. Meine Zukunft ist hier und jetzt. Kann ich das Heute nicht ertragen, wann und wo sollt' ich's können?

Zenmeister SOEN-OZEKI

An meinen täglichen Verrichtungen ist nichts besonderes. Ich bin einfach in natürlichem Einklang mit ihnen. An nichts festhaltend und nichts zurückweisend finde ich keinen Widerstand und bin nie abgetrennt. Was soll mir denn der Prunk purpurner Gewänder? Der reine Gipfel ward von keinem Staubkorn je befleckt. Meine magische Kraft und geistige Übung liegt im Wasserholen und Holzhacken.

PLANG YÜN, Zen-Laie des alten China

KAI KYO GE (Eröffnungs-Sutra)

MU JO JIN MI MYO HO HYAKU SEN MAN GO NAN SO GU GAK KON KEN MON TOKU JU JI KANN GE NYO RAI SHIN JITSU JITSU GI

Die unvergleichliche tiefe und erlesene Lehre ist selten anzutreffen, kaum einmal in hunderten Millionen Jahren. Uns wurde nun gewährt, sie zu sehen, zu hören und sie anzunehmen und zu bewahren. Mögen wir die Bedeutung der Worte des Tathagata zutiefst verstehen.

Sutra, skrt.: Leitfaden. Wird üblicherweise vor spirituellen Vorträgen ausgesprochen. Ist ein paradoxer Hinweis darauf, dass Wesensschau einerseits nie vollständig erreicht werden kann, andererseits sich jedoch in jedem Augenblick offenbart.

Maha Prajna Paramita Hrdaya Sutra (Herz-Sutra)

A-va-lo-ki-tesh-va-ra Bo-dhi-satt-va[1]
übt in Ver-sen-kung die tie-fe, voll-komm-ne Weis-heit und erkennt: Al-le fünf Skan-dhas[2] sind leer, das ver-wan-delt Lei-den
und Bit-ter-keit.
Sha-ri-pu-tra,[3] Form ist nichts an-de-res als Lee-re, Lee-re nichts
an-de-res als Form. Form ist Lee-re, Lee-re Form.
So sind auch Füh-len, Den-ken, Wol-len und Be-wusst-sein.
Sha-ri-pu-tra, al-le Dhar-mas[4] sind im Grun-de leer, sie ent-ste-hen
nicht und ver-ge-hen nicht, sind nicht rein und nicht be-fleckt,
nehmen nicht zu und nicht ab.
Da-her gibt es in der Lee-re we-der Form, noch Füh-len, we-der Denken, Wol-len, noch Be-wusst-sein, we-der Au-ge, noch Ohr, noch
Na-se, Zun-ge, Kör-per, Geist, we-der Far-be, noch Ton, noch Geruch, Ge-schmack, Be-rüh-rung, Ge-dan-ken, we-der ein Er-fas-sen
durch die Sin-ne, noch ein Er-fas-sen durch das Den-ken;
we-der Un-wissen-heit, noch En-de von Un-wissen-heit, noch all
das, was aus Un-wissen-heit ent-steht.
Und so gibt es we-der Al-ter noch Tod,
noch Ende von Alter und Tod.
Da gibt es kein Lei-den, kein Ent-ste-hen von Lei-den, kein Ver-ge-
hen von Lei-den und kei-nen Weg; kei-ne Weis-heit und nichts zu
er-rei-chen.
Da es nicht zu er-rei-chen gibt, lebt der Bo-dhi-satt-va aus voll-
komm-ner Weis-heit, oh-ne Hin-der-nis im Geist: oh-ne Hin-der-nis,
da-her oh-ne Furcht.
Jen-seits al-ler Il-lu-si-on, hier ist Nir-va-na.[5]
Al-le Bud-dhas der Ver-gan-gen-heit, Ge-gen-wart und Zu-kunft le-
ben die-se voll-komm'-ne Weis-heit und er-rei-chen A-nu-tta-ra-
Sam-yak-sam-bo-dhi.[6]
Du sollst da-her wis-sen:
Praj-na-Pa-ra-mi-ta[7] ist das gro-ße Man-tra,
das höch-ste Man-tra, das al-le Lei-den stillt.
Nicht nur lee-re Wor-te sind es, son-dern Wahr-heit!
So lebt die-ses Man-tra, hört nicht auf, es zu ver-kün-den:
Ga-té, Ga-té,[8] Pa-ra-ga-té, Para-sam-ga-té,[9] Bo-dhi Sva-ha.[10]

1 Avalokitesvara: Der Bodhisattva/gütiges Wesen des Mitgefühls, der den Leidensschrei aller Lebewesen hört, der gelobt, alle Lebewesen zu retten.
2 Die fünf Skhandas: Daseinsbestimmende Elemente bestehend aus Form (Körper[n]), Wahrnehmung, Bewusstsein und Denken.
3 Sariputra: Einer der Hauptschüler Buddhas. Er wird stellvertretend angesprochen und belehrt.
4 Dharmas: gemeint sind alle Phänomene, aus denen die Welt aufgebaut ist.
5 Nirvana: wörtlich = Auslöschung. Der Bewusstseinszustand, der erreicht wird, wenn alle Illusionen ausgelöscht sind und der Mensch die reine Wesensschau erfährt. Er ist dann frei von Verhaftung - nir = ohne, vana = Verhaftung.
6 Anuttara Samyak Sambodhi: Vollkommene universelle Erleuchtung und Befreiung von Verhaftung.
7 Prajnaparamita: Transzendente Weisheit, die über das normale Wissen hinausgeht
8 Gaté Gaté: sinngemäß hinüber, hinüber.
9 Parasamgaté: vollständig hinüber.
10 Bodhi Svaha: An das andere Ufer (gemeint ist das Wesen des Seins, Soheit, in die Erfahrung, dass Form und Leerheit untrennbar eins sind.

Makahannya Haramita Shingyo - Herz Sutra

Kan-ji-zai bo-satsu[1], gyô-jin han-nya ha-ra-mi-ta ji, shô-ken go-on kai-kû, do is-sai ku-yaku, Sha-ri-shi[2], shiki fu-i kû, kû fu-i shiki, shiki soku-ze kû kû soku-ze shiki, ju-sô-gyô-shiki, yyaku-bu nyo-ze, Sha-ri-shi, ze sho-hô kû-sô, fu-shô fu-metsu, fu-ku fu-jô, fu-zô fu-gen, ze-ko kû-chû, mu-shiki mu-ju-sô-gyô-shiki, mu-gen-mi-bi-zes-shin-i, mu-shiki-shô-kô-mi-soku-hô, mu-gen-kai, nai-shi mu-i-shiki-kai, mu-mu-myô jin, nai-shi mu-rô-shi, yaku mu-rô-shi jin, mu-ku-shu-metsu-dô, mu-chi yaku mu-toku, i mu-sho-toku ko, Bo-dai-sat-ta, e han-nya ha-ra-mi-ta ko, shin mu-kei-ge, mu-kei-ge ko, mu-u-ku-fu, on-ri is-sai ten-dô mu-sô, ku-gyô ne-han, san-ze sho-butsu, e han-nya ha-ra-mi-ta ko, toku a-moku-ta-rasan-myaku san-bo-dai, ko chi han-nya ha-ra-mi-ta, ze dai-jin-shu, ze dai-myô-shu, ze mu-jô-shu, ze mu-tô-tô-shu, nô-jo is-sai ku, shin-jitsu fu-ko, ko setsu han-nya ha-ra-mi-ta-shu, soku setsu shu-watsu, Gya-tei gya-tei, ha-ra gya-tei, Hara-sô gya-tei, bo-ji sowa-ka, Han-nya shin-gyô.

1 Kan-ji-zai bo-satsu: Der Bodhisattva Avalokiteshvara. Avalokiteshvara (jap. KANNON, KANZEON), der „Herr, der herabschaut", oder auch: „Der die Klänge (Schreie) der Welt erhört" oder auch „Der Klang, der die Welt erleuchtet", drückt das Große Erbarmen aus. Bosatsu: jap. für Bodhisattva. 2 Sharishi = Sariputra.

Diamant-Sutra

(...) Der Ehrwürdige Subhuti sprach zu dem Buddha: „Wird es auch in künftigen Zeiten Menschen geben, die wahrhaftigen Glauben und wirkliches Vertrauen in diese Lehren haben, wenn sie sie hören?" Der Buddha antwortete: „Sprich nicht in dieser Weise, Subhuti. Noch fünfhundert Jahre nach dem Hinscheiden des Tathagata wird es Menschen geben, die sich daran erfreuen, die Achtsamkeitsübungen zu befolgen. Hören solche Menschen diese Worte, werden sie den Glauben und das Vertrauen besitzen, dass diese Worte die Wahrheit sind. Wir müssen wissen, dass solche Menschen nicht nur während der Lebzeit eines Buddha heilsame Samen gesät haben oder während der Lebzeiten von zwei, drei, vier oder fünf Buddhas, sondern dass sie die Samen während der Lebzeiten von Zehntausenden von Buddhas gesät haben. Der Tathagata sieht und erkennt jede Person, die beim Hören dieser Worte des Tathagata reines, klares Vertrauen in sich erweckt - und sei es auch nur für eine Sekunde -, und diese Person wird, weil sie versteht, unermessliches Glück erfahren. Warum? Weil Menschen dieser Art nicht in die Vorstellung von einem Selbst, einer Person, einem Lebewesen oder einer Lebensspanne verstrickt sind. Sie sind weder in der Vorstellung von einem Dharma noch in der Vorstellung von einem Nicht-Dharma gefangen. Sie sind nicht in die Vorstellung verstrickt, dass dies ein Zeichen sei und jenes kein Zeichen. Warum? Wenn du der Vorstellung von einem Dharma verhaftet bist, dann bist du auch der Vorstellung von einem Selbst, einer Person, einem Lebewesen und einer Lebensspanne gefangen. Darum dürfen wir uns den Dharmas nicht verhaften, noch der Vorstellung, dass Dharmas nicht existierten. Das ist die verborgene Bedeutung dessen, wenn der Tathagata sagt: Mönche, ihr müsst wissen, dass alle Lehren, die ich euch gebe, ein Floß sind. Alle Lehren müssen aufgegeben werden, ganz zu schweigen von den Nicht-Lehren."
„Was denkst du, Subhuti, hat der Tathagata höchsten, vollkommen erwachten Geist erlangt? Gibt der Tathagata irgendwelche Belehrungen?" Der Ehrwürdige Subhuti antwortete: „So weit ich die Lehren des Erhabenen verstanden habe, gibt es

kein unabhängiges existierendes Objekt des Geistes, das höchster, vollkommen erwachter Geist heißt, noch gibt es irgendwelche unabhängig existierenden Belehrungen, die der Tathagata gibt. Warum? Die Lehren, die der Tathagata verwirklicht hat und von denen er spricht, können nicht als unabhängig und eigenständig existierend gedacht werden und können daher auch nicht beschrieben werden. Die Lehre des Tathagata ist weder selbstexistent noch nicht selbst-existent. Warum? Weil die edlen Lehrer sich von anderen nur hinsichtlich des Nicht-Bedingten unterscheiden." „Was meinst du, Subhuti, wenn ein Sohn oder eine Tochter aus guter Familie die dreitausend Chiliokosmen als Akt der Freigiebigkeit mit den sieben kostbaren Schätzen füllen würde, könnte diese Person durch eine solch tugendhafte Handlung großes Glück bewirken?" Der Ehrwürdige Subhuti antwortete: „Ja, Von-der-Welt-Verehrter. Weil Tugend und Glück in ihrem Wesen nicht Tugend und Glück sind, kann der Tathagata von Tugend und Glück sprechen." Der Buddha sagte „Wenn nun - auf der anderen Seite - eine Person diese Lehren annimmt, sie in ihrem Leben verwirklicht und anderen erklärt - und sei es nur eine Gatha von vier Zeilen -, so übersteigt das Glück, das durch dieses tugendhafte Handeln entsteht, bei weitem jenes, das aus dem Geben der sieben kostbaren Schätze erwächst. Warum? Weil, Subhuti, alle Buddhas und das Dharma des höchsten, vollkommen erwachten Geistes aller Buddhas aus diesen Lehren hervorgehen. Subhuti, das, was Buddhadharma genannt wird, ist all das, was nicht Buddhadharma ist" „Was meinst du, Subhuti, denkt ein In-den-Strom-Eingetretener: Ich habe die Frucht des Stromeintritts erlangt?" Subhuti erwiderte: „Nein, Von-der-Welt-Verehrter. Warum? Strom-Eintritt bedeutet in den Strom eintreten, aber in Wirklichkeit gibt es keinen Strom, in den einzutreten wäre. Man tritt in keinen Strom ein, der Form ist, noch in einen, der Klang, Geruch, Geschmack, Berührbares oder Objekt des Geistes ist. Das meinen wir, wenn wir von Strom-Eintritt sprechen." „Was glaubst du, Subhuti, denkt ein Einmal-Wiederkehrender: ‚Ich habe die Frucht der Einmal-Wiederkehr erlangt.'?" Subhuti erwiderte: „Nein, Von-der-Welt-Verehrter. Warum? Einmal-Wiederkehr bedeutet gehen und noch einmal wiederkehren, aber in Wirklichkeit gibt es kein Gehen, genauso wie es kein Wiederkehren gibt. Das meinen wir, wenn wir Nie-Wiederkehrer sagen... Wenn ein Arhat den Gedanken hegt, er habe die Frucht der Arhatschaft erlangt, dann ist er noch in die Vorstellung von einem Selbst, einer Person, einem Lebewesen und einer Lebensspanne verstrickt (...).

Der Buddha sagte: „In diesem Geiste, Subhuti, sollten alle Bodhisattva-Mahasattvas ihren reinen, klaren Vorsatz fassen. Wenn sie diesen Vorsatz fassen, sollten sie sich dabei nicht auf Form, Klang, Geruch, Geschmack, Berührbares oder Geistesobjekt stützen. Sie sollten einen Vorsatz fassen aus einem Geist heraus, der nirgendwo verweilt (...).

„Über Zen"

Es gibt eine Wirklichkeit, die vor Himmel und Erde steht. Sie hat keine Form, geschweige denn einen Namen. Augen können sie nicht sehen. Lautlos ist sie, nicht wahrnehmbar für Ohren. Sie GEIST oder BUDDHA zu nennen, entspricht nicht ihrer Natur, wie das Trugbild einer Blume wäre sie dann. Nicht GEIST noch BUDDHA ist sie; vollkommen ruhig erleuchtet sie in wunderbarer Weise. Nur dem klaren Auge ist sie wahrnehmbar. Das DHARMA ist sie und wirklich jenseits von Form und Klang. Das TAO ist sie und Worte haben nichts mit ihr zu tun. In der Absicht Blinde anzuziehen, ließ BUDDHA seinem goldenen Munde spielerische Worte entspringen; seitdem sind Himmel und Erde überwuchert mit dichtem Dornengebüsch. Oh, meine lieben und ehrenwerten Freunde, die ihr hier versammelt seid: Wenn ihr euch danach sehnt, die donnernde Stimme des DHARMA zu hören, gebt eure Worte auf, entleert eure Gedanken, dann kommt ihr soweit, das EINE SEIN zu erkennen.

Daio Kokushi, früher jap. Zenmeister, 1235 – 1309

Das Gelübde der Menschheit

Besänftigt und gefasst
Lasst uns erwachen zum wahren Selbst,

völlig Erbarmende werden,
völlig unsere Fähigkeiten nutzen,
wie immer es unserer Berufung entspricht;

das Leiden erkennen
von Mensch und Gesellschaft
und die Wurzel des Leidens;

die richtige Richtung erfassen,
wohin die Geschichte gehen soll.

Wir reichen einander die Hände,
miteinander verwandt,
weit jenseits der Unterschiede
von Herkunft, Nation und Klasse.

Lasst uns voll Mitgefühl geloben,
dass wir unser tiefes Verlangen
nach Befreiung verwirklichen
und eine Welt gestalten,
in der wir alle leben können
in Wahrheit und Fülle.

Shinshinitsu Hisamatsu [1]

---

[1] Shin'ichi Hisamatsu (久松 真一, 1889 – 1980). Philosoph, Zen-Buddhist. Tee-Zeremonienmeister (sadō or chadō, 茶道), Professor an der Kyoto Universität, Ehrendoktor der Harvard Universität. Er bezieht westliche und östliche Philosophie aufeinander. (entn. aus Wikipedia)

Buddhas Erleuchtung

In dieser Nacht in Uruvela (heute Bodhgaya, Bihar, Nordindien) im Jahr 528 v. Chr. saß er unter einem Pappelfeigenbaum, er war 35 Jahre alt und hatte in einer neunstündigen Geistessammlung die Erleuchtung (bodhi) erlangt.

Die erste Nachtwache
Ich erinnere mich an viele frühere Existenzen: eine Geburt, zwei, fünf, ..., fünfzig, ..., Hunderttausende, in verschiedenen Weltzeitaltern. Ich wusste alles über diese verschiedenen Leben: Wann sie stattgefunden hatten, wie mein Name gewesen war, wer meine Eltern gewesen und was ich getan hatte. Ich durchlebte nochmals das Gute und das Schlechte sowie das Ende eines jeden Lebens und kam wieder und wieder auf die Erde zurück. Auf diese Weise erinnerte ich mich an unzählige vergangene Existenzen mit all ihren Eigenarten und genauen Umständen. Dieses Wissen erlangte ich während der ersten Nachtwache.

Die zweite Nachtwache - Öffnung des himmlischen Auges
In der zweiten Nachtwache sah ich in andere Daseinsbereiche und für das fleischliche Auge unsichtbare Dinge, wie die Wesen ihrem Wirken (Karma) gemäß in Samsara (zu erkennen, wo bzw. in welchem Daseinsbereich ein verstorbenes Wesen wiedergeboren wurde) weiterwandern.

In der letzten Nachtwache
erlangte ich vollkommene Erleuchtung (Samyak Sambodhi) und überweltliche höchste Geisteskraft (Siddhi).
Ich erkannte in Wahrheit:
Dies ist das Leiden,
dies ist die Ursache des Leidens,
dies ist die Aufhebung des Leidens.

Daraus zieht er die Folgerung:
Dies ist der Weg, der zur Aufhebung des Leidens führt.

SHODOKA von YOKA DAISHI [3]
Gesang vom Erkennen des TAO [4]

1. Siehst du nicht jenen gelassenen Menschen des TAO [5],
Jenseits von Lernen und Streben.
Er vermeidet nicht eitle Gedanken, noch sucht er die Wahrheit.
Er weiß: Die wahre Natur der Unwissenheit ist die WESENSNATUR.
2. Der leere Schein-Leib ist der wahre DHARMA-LEIB.
Wenn der DHARMA-LEIB voll erwacht,
ist nicht ein Ding.
Die Quelle der Ich-Natur ist die angeborene WESENSNATUR.
3. Die fünf SKANDHAS kommen und gehen
Wie vorüberziehende Wolken am leeren Himmel.
Gier, Zorn und Verblendung erscheinen und verschwinden
Wie Blasen auf der Oberfläche des Meeres.
4. Erfahren wir die Wirklichkeit,
Gibt es weder Mensch noch Ding,
Und alles KARMA, das zur Hölle führt, verschwindet im Nu.
Wenn das eine Lüge ist, die Menschen zu täuschen,
Sei meine Zunge für immer ausgerissen.
5. Wenn wir plötzlich zum **Tathâgata** ZEN erwachen,
Sind die sechs **Pâramitâs** und alle guten Taten
Bereits vollendet in uns.
Im Traum sehen wir klar die sechs Wege;
Wenn wir erwachen, ist das ganze Universum leer.
6. Keine Sünde, kein Segen, kein Verlust und kein Gewinn:
Suche solche Dinge nicht inmitten des vollkommenen Friedens.
Bis jetzt wurde der staubige Spiegel nicht gereinigt.
Lasst uns ihn heute reinigen, einmal und für immer.

---

3 YOKA DAISHI, 665 geboren im Dorf YOKA, gestorben 713; DAISHI bedeutet „Großer Meister".

4 Übersetzt aus dem Japanischen ins Englische von Joan Rieck, aus dem Englischen ins Deutsche von Richard Weber und Willigis Jäger.

5 TAO, chin. „Weg", metaphysisch das allumfassende ERSTE PRINZIP, das allen Erscheinungen zugrunde liegt, die WIRKLICHKEIT, aus der das Universum entspringt.

7. Wer hat keine Gedanken? Wer ist nicht geboren?

Wenn wir wahrhaft nicht geboren sind, so sind wir auch nicht ungeboren.

Ruf eine Puppe und frag' sie.

Solange wir BUDDHA suchen und verdienstvolle Werke vollbringen,

Werden wir Erleuchtung nie erlangen.

8. Lass die vier Elemente los.

Iss und trink nach Belieben in vollkommener Klarheit.

Alle Dinge sind vergänglich und leer:

Das ist die große und vollkommene Erleuchtung des **Tathâgata**.

9. Diese klare Überzeugung kennzeichnet den wahren Schüler.

Ist jemand damit nicht einverstanden,

Kann er mich ruhig fragen.

Wird die Wurzel geradewegs herausgerissen,

Drückt BUDDHA sein Siegel auf.

Wer Blätter sammelt und nach Ästen sucht, dem kann ich nicht helfen.

10. Die Menschen kennen nicht den Juwel,

Tief in der Schatzkammer des **Tathâgata** verborgen.

Sein wunderbares Wirken in den sechs Sinnen

Ist leer und nicht-leer.

Sein vollkommenes Licht ist Form und Nicht-Form.

11. Die fünf Augen zu klären und die fünf Kräfte zu erlangen,

Ist nur in der Erfahrung jenseits der Gedanken möglich.

Bilder in einem Spiegel zu sehen, ist nicht schwer,

Aber wer kann den Mond im Wasser fassen?

12. Allein wirken sie, allein ziehen sie dahin;

Unbeschwert wandern alle Vollendeten auf demselben Pfad des NIRWANA.

Ihre Erscheinung ist zeitlos. Ihr Geist ist klar,

Ihr Benehmen natürlich und vornehm

Hager, mit knochigem Gesicht,

Gehen sie unbeachtet durch die Welt.

13. Die Kinder **Shâkyas** gelten als arm,

Doch arm nur am Leibe, nicht im TAO.

Obwohl stets in Lumpen gehüllt,

Bewahren sie doch im Innern einen kostbaren Schatz.

14. Trotz steten Gebrauches nützt der kostbare Schatz sich nicht ab.
Großzügig geben sie allen, soviel sie begehren.
Die drei Körper und die vier Weisheiten
Sind in ihrem Sein vollendet.
Die acht Befreiungen und die sechs übernatürlichen Kräfte
Sind eingeprägt in den Grund des Geistes.
15. Der beste Schüler klärt es einmal und für immer;
Die andern sind sehr gelehrt, doch bezweifeln sie viel.
Leg' doch die schmutzigen Gewänder ab, an denen du hängst.
Warum bist du stolz auf deine frommen Übungen?
16. Mögen die andern mich tadeln und verdammen soviel sie
wollen.
Mit einer Fackel versuchen sie, den Himmel in Brand zu stecken;
Am Ende werden sie nur müde davon.
Ihre Verleumdungen schmecken wie süßer Tau.
Denn alles vergeht, und plötzlich bin ich im Reich des
Nichtdenkens.
17. Wenn ich bedenke, wie hilfreich Verleumdungen sind,
Wird der Verleumder mein guter Freund.
Wenn ich gekränkt werde und gleichmütig bleibe,
Brauche ich die Kraft des ungeborenen Mitleids
Und die Macht der Weisheit nicht mehr zu zeigen.
18. Ich habe Wesen und Ausdruck voll erfasst.
Einsicht und Weisheit sind vollkommen klar.
Ich verweile in der Leere.
Aber ich habe das nicht allein erreicht:
Alle Erleuchteten, unzählbar wie der Sand am Ganges,
Sind von gleichem Wesen.
19. Das Löwengebrüll der furchtlosen Lehre
Zerschmettert das Gehirn der Tiere, wenn sie es hören.
Selbst der vornehme Elefant vergisst seinen Stolz und rennt davon.
Nur der himmlische Drache hört still und freudig zu.
20. Ich zog über Flüsse und Seen, überquerte Berge und Ströme,
Besuchte Meister, fragte nach dem TAO und übte ZEN.
Erst seit ich den Weg des HUI NENG gefunden,

---

[6] HUI NENG, jap. ENO, der 6. Patriarch des ZEN in CHINA, 638 – 713.

Weiß ich: Um Leben und Tod muss ich mich nicht kümmern.

21. Gehen ist ZEN, Sitzen ist ZEN,
Sprechen oder Schweigen, Bewegung oder Ruhe:
Das Wesen ist immer in Frieden.
Selbst das Schwert des Todes vor Augen, bleibt es unbewegt.
Auch beim Trinken von Gift ist es ruhig.

22. Unser Lehrer traf einst DIPANKARA BUDDHA[7],
Viele Äonen lang übte er sich als Asket, genannt KSHANTI.
Wie oft sind wir geboren, wie oft werden wir sterben?
Leben und Tod folgen einander in Ewigkeit.

23. Seit ich das Ungeborene plötzlich erfahren,
Macht mich Ehre oder Schmach weder unglücklich noch traurig.
Tief in den Bergen lebe ich still und abgeschieden
Unter steilen Felsen und alten Föhren.
Ruhig und zufrieden sitze ich in meiner Einsiedelei
Und genieße das einfache und einsame Leben.

24. Bist Du wirklich erwacht, verstehst Du:
Es gibt kein Anhäufen von Verdiensten.
Es gleicht nicht den Gesetzen der Erscheinungswelt.
Gute Werke, die Belohnung erwarten, mögen geistigen Gewinn bringen,
Doch sie gleichen einem Pfeil, in den leeren Himmel geschossen,
Wenn seine Kraft nachlässt, fällt er auf die Erde zurück
Und bringt Unglück im kommenden Leben.
Ist es nicht besser, durch das Tor der unwandelbaren Wirklichkeit einzutreten
Und direkt bis zum Grund des **Tathâgata** vorzudringen?

25. Halte dich nur an die Wurzel,
Sorge dich nicht um die Zweige.
Es ist wie der Mond, leuchtend in kristallener Schale.
Nun erkenne ich den wunsch-erfüllenden Juwel,
Der mir und allen zur unerschöpflichen Wohltat wird.

26. Der Mond scheint auf den Fluss,
Der Wind weht durch die Föhren.

---

[7] DIPANKARA BUDDHA: „Anzünder der Leuchte", der wichtigste unter BUDDHAS Vorgängern, symbolisiert alle Buddhas der Vergangenheit.

Das reine Schweigen dieser langen Nacht -
Wozu?

27. Der Juwel der Gebote des WAHREN SELBST
Ist eingeprägt in den Grund meines Geistes.
Mein Kleid ist der Tau, der Nebel, der Dunst und die Wolke.
Die drachen-besänftigende Schale und der tiger-trennende Stab
Mit den beiden klingenden Ringen
Sind nicht leere, überlieferte Formen
Sondern Spuren, hinterlassen vom kostbaren Stab des **Tathâgata**.

28. Ich suche weder die Wahrheit, noch weise ich Täuschungen ab.
Ich weiß: Alle Gegensätze sind leer und ohne Form.
Doch diese Nicht-Form ist weder leer noch nicht leer,
Und dies ist die wahre Gestalt des **Tathâgata**.

29. Der Geist-Spiegel zeigt alles klar und ungehindert;
Grenzenlos durchdringt er die zahllosen Reiche.
In seiner Mitte spiegeln sich alle Dinge des Universums;
In diesem einen vollkommenen Licht gibt es weder innen noch
außen.

30. Die weite Leere verbannt Ursache und Wirkung;
Doch das bringt nur Unheil und Verwirrung.
Wer das Dasein zurückweist und sich an die Leere klammert, ist
krank
Wie einer, der ins Feuer springt, um dem Ertrinken zu entgehen.

31. Illusionen zurückweisen und die Wahrheit festhalten -
Der Geist, in Gegensätzen gefangen,
Bringt nur geschickte Lügen hervor.
Schüler, die üben, ohne dies zu verstehen,
Machen einen Dieb zu ihrem eigenen Kind.

32. Der Reichtum des DHARMA verliert sich, alle Verdienste
verlöschen:
Das ist die Folge des unterscheidenden Denkens.
Daher lehrt ZEN, sorgfältig in den eigenen Geist zu schauen
Und durch die Macht der weisen Einsicht
Geradewegs ins Ungeborene vorzudringen.

33. Der wirklich Große besitzt das Schwert der Wahrheit,
Dessen PRAJNA-Schneide eine diamantene Flamme ist.
Es zerstört nicht nur nutzloses Wissen und Nichtwissen,

Es lässt auch die höchsten Dämonen verzagen.

34. Er lässt den DHARMA-DONNER grollen,
Er schlägt die DHARMA-TROMMEL.
Er verbreitet Wolken des Mitleids und regnet süßen Tau.
Der Fußstapfen des großen Elefanten
Entspringt Wohltaten ohne Ende.
Die DREI FAHRZEUGE[8] und die fünf Arten von Menschen
Erreichen alle Erleuchtung.

35. Das Gras in den verschneiten Bergen
Ist nicht vermischt mit anderem Gras.
Der reine Käse von diesen Gipfeln ernährt mich stetig.
Ein Wesen durchdringt die ganze Natur,
Ein Ding enthält alle Dinge.

36. Ein Mond spiegelt sich in allen Wassern;
Alle Wasser-Monde haben den einen Mond.
Der DHARMA-LEIB aller Erleuchteten ist in meiner Natur;
Meine Natur ist eins mit **Tathâgata**.

37. Der erste Schritt enthält alle Schritte;
Es hängt nicht ab von Form, von Geist oder Wirken.
Ein Schnalzen mit den Fingern und 80 000 Lehren sind vollbracht;
Im Nu sind Äonen ausgelöscht.

38. Alle Zahlen und Begriffe sind Nicht-Zahlen und Nicht-Begriffe.
Was haben sie mit meinem inneren Erwachen zu tun?
Es ist jenseits von Lob und Tadel,
Wie leerer Raum kennt es keine Grenzen.

39. Nie getrennt vom Hier und Jetzt fließt es ständig über.
Suchst du es, so kannst du es nicht finden.
Du kannst es nicht begreifen
Und doch kommst du nicht los davon.
Weil du es schon hast, kannst du es nicht erlangen.

40. Im Schweigen redet es,
Im Reden schweigt es,
Das große Tor der wahren Liebe steht offen;
Es kennt keine Hindernisse.

---

8 DREI FAHRZEUGE: „Triyana": SHRAVAKA-YANA, PRATYEKA-YANA und BODHISATTVA-YANA; verschiedene Wege des Strebens nach BUDDHASCHAFT (siehe Shravaka, Pratyeka [S.21] und Bodhisattva [S.27]).

Fragt jemand: „Welche Wahrheit hast du erkannt?"
Sag' ich: „Die Macht der transzendenten Weisheit!"
41. Manchmal sage ich „ja", manchmal „nein".
Die Menschen verstehen nicht.
Manchmal passe ich mich an, ein andermal nicht.
Nicht einmal der Himmel kann mein Verhalten ergründen.
42. Seit vielen KALPAS habe ich geübt;
Dies ist ein leeres Gerede, um dich zu täuschen.
Unter klarer Weisung BUDDHAs hisste HUI NENG die Fahne des DHARMA
Und begründete die Lehre.
43. Mahâkâshyapa[9] wurde das Licht zuerst übertragen;
28 Generationen sind überliefert in Indien.
Dann kam es über Flüsse und Seen in unser Land,
Und BODHIDHARMA wurde der erste Patriarch.
Wie alle wissen, wurde seine Robe durch sechs Generationen
weitergereicht.
Unzählige haben nach ihm den Weg erlangt.
44. Die Wahrheit muss nicht verkündet werden;
Im Grunde ist auch das Unwahre leer.
Ist beides, Sein und Nicht-Sein, auf die Seite gelegt,
Ist selbst die Nicht-Leere leer.
45. Die 20 Ansichten der Leere
Können es im Grunde nie erreichen:
Die Natur des **Tathâgata**
Bleibt immer die gleiche.
46. Geist ist die Grundlage, die Erscheinungen sind Staub.
Doch beide sind nur Flecken auf einem Spiegel.
Sind Schmutz und Staub weggewischt,
Leuchtet das Licht wieder klar. Sind beide, Geist und Dinge,
vergessen,
Erscheint die wahre Natur.
47. Ach, diese entartete Endzeit:
Die Menschen sind unglücklich und unbeherrscht.
Weit entfernt sind sie im Zeitalter der Weisen,
Tief verwurzelt sind ihre falschen Ansichten.

[9] MAHAKASHYAPA, hervorragender Schüler des BUDDHA, 1. Patriarch des ZEN

Die Dämonen sind stark, das Dharma ist schwach,
Und überall wuchert das Böse.

48. Wenn sie die Lehre des **Tathâgata** von der plötzlichen
Erleuchtung vernehmen,
Geraten sie in Zorn,
Denn die können sie nicht wie einen Dachziegel zerschmettern.

49. Die Quelle des Handelns ist dein Geist,
Die Quelle des Leidens dein Leib:
Beklage nicht und beschuldige niemand.
Willst du nicht in unaufhörliches Leid geraten,
Lästere nie die wahre Lehre des **Tathâgata**.

50. Im Sandelbaum-Hain wachsen keine anderen Bäume.
Nur der Löwe lebt in dieser tiefen Stille;
Frei streift er durch das friedliche Gehölz.
Weit entfernt bleiben die Vögel und alle anderen Tiere.

51. Die jungen Löwen folgen den Spuren des Rudels.
Schon die Dreijährigen brüllen laut.
Versuchen Schakale sie nachzuahmen und König des Dharma zu
spielen,
Klingt es wie Unsinngeplapper von 100 000 Geistern.

52. Die Lehre der vollkommenen und plötzlichen Erleuchtung
Hat nichts mit menschlichen Gefühlen zu tun.
Hast du unlösbare Zweifel,
Komme mit deinen Einwänden sogleich zu mir.
Das sag' ich, der Bergmönch, nicht aus Geltungsbedürfnis,
Sondern aus Furcht, deine Übung könnte in eine Falle führen,
In falsche Ansichten über Verlöschen oder Weiterleben.

53. Falsch ist nicht falsch und richtig ist nicht richtig;
Weich' ab davon nur um Haaresbreite,
Und du verfehlst es um tausend Meilen.
Wenn richtig, wird selbst die Tochter des Drachen ein BUDDHA,
Wenn falsch, fährt selbst der große Schüler ZENSHO lebendig zur
Hölle.

54. Seit meiner Jugend habe ich Wissen angehäuft,
Habe Sûtren und Kommentare durchforscht.
Teilte alles in Namen und Formen ein - pausenlos, ohne zu ruh'n.
Doch es gleicht einem Sprung ins Meer, um den Sand zu zählen.

Umsonst hab' ich mich völlig erschöpft.

55. Streng hat mich **Tathâgata** dafür getadelt.

Was nützt es, den Schatz eines andern zu zählen?

Mir wurde klar: Ziellos bin ich umhergewandert,

Für Jahre wie Staub in Wind umhergetrieben.

56. Sind Menschen nicht von grundauf wahrhaftig, verstehen sie es falsch

Und verfehlen das vollkommene und unmittelbare Gesetz des **Tathâgata**.

Die Schüler des **Shrâvaka**[10] und **Pratyeka**[11] mögen ernsthaft üben.

Es fehlt ihnen der reine Geist des Weges.

Jene außerhalb des Weges mögen viel wissen,

Doch mangelt ihnen transzendente Weisheit.

57. Dann gibt es einfältige und törichte Menschen,

Die glauben, in einer leeren Faust etwas zu finden.

Sie verwechseln den Zeigefinger mit dem Mond;

Ihr Tugendstreben ist gezwungen und verzerrt.

Verloren in einer Welt der Sinne und der Objekte

Wandern sie völlig verwirrt umher.

58. Wer kein Ding mehr sieht, der ist der **Tathâgata**.

Avaloklteshvara kann man ihn nennen.

Wenn du verstehst, sind karmische Schranken von Grund auf leer.

Wenn du nicht verstehst,

Zahlst du alle deine Schulden zurück.

59. Die Hungrigen kommen vor eine königliche Tafel,

Aber sie können nicht essen.

Die Kranken treffen den König der Heiler.

Warum genesen sie nicht?

60. In dieser Welt voller Begierden ZEN zu üben,

Ist die Kraft der weisen Einsicht.

Der Lotus blüht inmitten des Feuers

Und wird doch niemals zerstört.

---

[10] **SHRAVAKA**: „Hörer" der Lehre, im **MAHAYANA** jene Schüler, die dem kleinen Fahrzeug (**HINAYANA**) zugehören; Ziel ist die **ARHAT-SCHAFT**; **ARHAT** der Heilige, der das Heil für sich selbst gewonnen hat.

[11] **PRATYEKA (-BUDDHA)**: EINSAM (-ERWACHTER), Zwischenstufe der Buddhaschaft, zwischen Arhats (**HINAYANA**) und den BUDDHAS mit vollkommener Erleuchtung stehend.

61. YUSE, der Mönch, verletzte Hauptgebote,
Doch er erwachte zum Ungeborenen.
Augenblicklich war er erleuchtet;
Heute noch lebt er.

62. Das Gebrüll der furchtlosen Predigt
Wird leider nicht gehört.
Die Unwissenden, starrsinnig und hart wie Leder,
Wissen nur, dass Verbrechen der Erleuchtung im Wege stehn.
Das schon enthüllte Geheimnis des **Tathâgata** verstehen sie nicht.

63. Zwei Mönche waren einst angeklagt wegen der Sinnlichkeit und Mord.
Der ehrwürdige UPALI[12] mit dem Licht eines Glühwurms
Band sie nur noch stärker an ihre Verbrechen.
Vimalakîrti[13] aber, der große Laie, beseitigt ihre Zweifel sofort,
Wie die strahlende Sonne Schnee und Frost schmilzt.

64. Unzählbar wie der Sand des Ganges
Sind die Wunder der geheimnisvollen Kraft der Befreiung.
Besitzt sie jemand, scheue keine Mühe,
Ihm die vier Gaben darzubringen.
Auch wenn du ihm 10 000 Goldstücke gibst,
Deinen Körper in Stücke zerreißt und deine Knochen zermalmst -
Es wäre des Dankes noch nicht genug.
Ein Wort, wirklich erfahren, übertrifft Millionen Jahre von Übung.

65. Der König des DHARMA ist unübertroffen;
Unzählige **Tathâgatas** haben das gleiche bezeugt wie er.
Jetzt verstehe ich den wunsch-erfüllenden Juwel:
Wer ihn vertrauensvoll annimmt, bekommt alles, was ihm gebührt.

66. Wenn du klar und deutlich siehst, gibt es nicht ein Ding;
Weder Mensch noch BUDDHA.
Die zahllosen Welten des Universums sind wie Blasen im Meer,
Heilige und Weise nur kurz aufleuchtende Blitze.

---

[12] **UPALI**: Schüler des BUDDHA, der Spezialist für Disziplin- und Ritualfragen.

[13] **VIMALAKIRTI**: ein reicher Anhänger des BUDDHA, der mitten im weltlichen Leben steht und doch den Weg des BODHISATTVAS geht.

67. Selbst wenn sich ein eisernes Rad über meinem Kopf dreht,
Klare Einsicht und Weisheit wird niemals vergeh'n.
Selbst wenn die Sonne erkaltete und der Mond erglühte,
Nicht einmal ein Heer von Dämonen könnte die Wahrheit zerstören.
68. Der Elefantenwagen, so hoch wie ein Berg,
Bewegt sich bedächtig die Straße hinunter.
Wie könnte ihm eine Gottesanbeterin den Weg versperren?
69. Der große Elefant spielt nicht auf dem Hasenpfad;
Große Erleuchtung befaßt sich nicht mit Einzelheiten.
Schmälere den unermeßlichen Himmel nicht,
Den du nur durch ein Schilfrohr gesehen.
70. Wenn du immer noch nicht verstehst,
Werde ich es für dich klären.

**Inschrift vom Glauben an den Herz-Geist
Shin-Jin-No-Mei**

Der höchste WEG ist nicht schwer
für jene, die keine Vorlieben haben.
Nur ohne Begierde und ohne Hass
erscheint alles klar und unverstellt.
Doch ein Unterscheiden breit wie ein Haar,
und Himmel und Erde sind unendlich getrennt.

Willst du die Wahrheit sehen,
dann halte dich nicht an Dafür und Dagegen.
Der Streit zwischen Abneigung und Zuneigung
ist die Krankheit des Geistes.
Wenn du den tiefen Sinn nicht erkennst,
ist der Friede des Geistes unnötig gestört.

Der WEG ist vollkommen wie unendlicher Raum,
ohne Mangel und ohne Überfluss.
Dass wir die wahre Natur der Dinge nicht sehen,
liegt daran, dass wir annehmen und zurückweisen.
Verwickle dich weder in äußere Erscheinung,

noch in das innere Gefühl von Leerheit.

Bleibe gelassen in der Einheit,
und alle Verwirrung verschwindet von selbst.
Willst du die Tätigkeit des Geistes zum Stillstand bringen,
so ist gerade diese Bemühung wieder Tätigkeit.
Solange du im einen Extrem oder im anderen verweilst,
wirst du niemals die Einheit erfahren.

Jene, die nicht in dem WEG leben,
versagen in der Tätigkeit und in der Nicht-Tätigkeit,
in Bejahung und in Verneinung.
Die Realität abzulehnen, heißt die Realität zu verfehlen,
die Leerheit der Dinge zu behaupten, heißt wieder, ihre Realität zu verfehlen.
Viele Worte, viele Gedanken -
je mehr es sind, desto weiter entfernst du dich von der Wahrheit.
Schneide Worte und Gedanken ab, und du durchdringst alles.

Kehrst du zur Wurzel zurück, erfasst du die Wahrheit;
Hängst du Erscheinungen nach, verfehlst du den Ursprung.
Nur ein Augenblick der Erleuchtung -
und du gehst über Leerheit und Erscheinung hinaus.
Veränderung in dieser Leerheit ist nur Täuschung.
Suche nicht nach der Wahrheit, lass nur ab von Meinung und Urteil.
Verweile nicht in der Dualität, vermeide das sorgfältig.
Nur eine Spur von Richtig und Falsch,
und der Geist verliert sich in Verwirrung.

Zweiheit existiert aufgrund von Einheit,
aber klammere dich auch nicht an die Einheit
Wenn der Geist ungestört ruht, sind die zahllosen Erscheinungen
fehlerlos.
Keine Fehler - keine Erscheinungen,
keine Störung - kein Geist.
Wenn nichts als Objekt erkannt wird, vergeht auch das Subjekt.
Wenn das Subjekt vergeht, verschwinden die Objekte.

Die Dinge sind Objekte aufgrund des Subjekts.
Das Subjekt ist Subjekt aufgrund der Objekte.
Willst du die beiden Aspekte verstehen -
ihr Ursprung ist Einheit in Leerheit.
In dieser Leerheit ist beides ohne Unterschied.,
und jedes enthält in sich alle Erscheinungen.
Es gibt weder Grobes noch Feines.
Warum sollte das vorgefasste Meinung geben?

Der große WEG ist sanft und weit,
weder leicht, noch schwer.
Kleinliches Denken führt zu Angst und Zaudern,
je mehr man eilt, desto langsamer geht es.
Das Haften in Ansichten führt in die Irre.
Lass los und alles ist natürlich,
Soheit ist ohne Kommen und Gehen.
Folge deiner Natur, und du bist eins mit dem Weg,
und gehst ihn frei und gelassen.
Sind die Gedanken gebunden, so ist die Wahrheit verborgen,
alles ist dunkel und verwirrt,
und das beschwerliche Urteilen ermüdet den Geist.
Was hilft es schon, für oder gegen etwas zu sein?

Willst du den einen WEG gehen,
verachte nicht die Welt der Sinne und Gedanken.
Sie vollkommen anzunehmen, ist wahre Erleuchtung.
Der Weise verfolgt kein Ziel,
doch der Unwissende fesselt sich selbst.
Im Dharma gibt es keine Unterscheidung,
eigenmächtig ist das Haften an den Dingen.
Den Geist mit dem unterscheidenden Geist zu suchen,
ist der größte aller Fehler.
Ruhe und Unruhe entsteht aus der Verblendung,
Erleuchtung kennt weder Vorliebe noch Abneigung.
Alle Dualität kommt aus verblendetem Denken.
Wie Träume, wie Blumen in der Luft,
nur ein Narr versucht, sie zu pflücken.

Erlangen und Verlieren, Richtig und Falsch,
gib das alles auf!

Wenn das Auge nicht schläft,
vergehen die Träume von selbst.
Wenn der Geist keine Unterscheidung mehr macht,
sind die zahllosen Erscheinungen so wie sie sind, eins.
Dieses Einssein ist unergründlich,
es erlöst aus aller Verstrickung.

Siehst du die zahllosen Erscheinungen ohne Unterscheidung,
so kehrst du zum Ursprung zurück.
Ursachen verschwinden, Vergleiche sind nicht möglich.
Erkenne, dass im Bewegten Ruhe ist,
und im Ruhenden Bewegung,
und Ruhe und Bewegung verschwinden.
Wenn solche Dualitäten verschwinden,
kann auch das Einssein nicht existieren.
Keine Worte können es fassen.

Für den geeinten Geist verschwindet alles selbstzentrierte Streben.
Zweifel und Unentschlossenheit verschwinden,
und vollkommenes Vertrauen wird möglich.
Nichts bleibt zurück, keine trübende Erinnerung.
Alles ist leer, klar, aus sich selbst heraus leuchtend,
ohne Anstrengung des Geistes.
Hier sind Denken, Fühlen, Wissen und Vorstellung nutzlos.

In dieser Welt der Soheit gibt es weder Anderes noch Selbst.
Willst du unmittelbar damit übereinstimmen,
so sage nur: „Nicht-Zwei".
In diesem „Nicht-Zwei" ist nichts getrennt und nichts
ausgeschlossen.
Aus allen Richtungen und Zeiten treten die Weisen in diese
Wahrheit ein.
Diese Wahrheit ist jenseits von Raum und Zeit,
ein Gedankenmoment ist zehntausend Jahre.

Allumfassende Leere -
das unendliche Universum liegt vor deinen Augen.
Das Kleinste ist dem Größten gleich,
die Grenzen sind verschwunden.
Das Größte ist dem Kleinsten gleich,
keine Teilung ist sichtbar.
Sein ist Nichtsein, Nichtsein ist Sein.
Vergeude keine Zeit außerhalb der Soheit.

Eins ist alles, alles ist eins.
Wenn du das verwirklichst,
so brauchst du keine Unvollkommenheit zu fürchten.
Der Glaube an den Geist ist „Nicht-Zwei",
„Nicht-Zwei" ist der Glaube an den Geist.
Nur Worte!
Der WEG ist jenseits von Sprache,
denn hier ist
kein Gestern,
kein Morgen,
kein Heute.

Sengcan, 6./7. Jhdt. (?-606)

Das Lied vom Juwelen-Spiegel-Samadhi

Die Lehre von der Soheit
wurde im Vertrauen weitergegeben von Buddhas und Patriarchen.
Jetzt habt ihr sie erlangt, bewahrt sie gut.
Eine Silberschale mit Schnee gefüllt,
ein Silberreiher versteckt im Mondlicht
sie ähneln sich, sind aber nicht gleich;
wenn du sie vermischst, weißt du doch, wo sie jeweils sind.

Die Bedeutung liegt nicht in den Worten,
und dich reagiert es auf den forschenden Antrieb.
Aufgeregt sein wird zur Falle,
wenn du es verfehlst, verfällst du in zurückschauendes Zögern.

Sich abwenden und es berühren -
beides ist falsch, denn es ist eine Feuerkugel.
Es in verzierter Sprache auszudrücken,
gibt es der Befleckung preis.
In der Mitte der Nacht scheint es hell,
in der Morgendämmerung ist es unsichtbar.
Es lenkt die Wesen - sein Gebrauch entfernt alles Leiden.

Obwohl es gestaltlos ist,
ist es dennoch nicht ohne Sprache.
Es ist wie in einen Juwelen-Spiegel zu schauen,
Form und Bild betrachten einander.
Du bist nicht es, es ist in Wirklichkeit du.

Wie ein neugeborenes Kind in der Welt,
in fünf Eigenschaften vollkommen.

Es geht nicht, es kommt nicht,
es richtet sich nicht auf und steht nicht.

„Baba-wawa" - spricht es oder spricht es nicht?

Letztlich begreift es nichts, weil seine Sprache noch nicht klar ist.

Es ist wie die sechs Linien des doppelten Trigramms-Li.
Das Relative und das Absolute sind vereint.
Zusammen ergeben sie drei Paare,
die vollständige Transformation macht daraus fünf.
Es ist wie die Frucht mit den fünf Geschmäcken,
wie der Diamantkeil.
In der Wahrheit subtil vereint,
treffen sich das forschende Fragen und die Antwort.
Innig verbunden mit dem Ursprung und innig verbunden mit dem
Vorgang, schließt es Integration und den Weg ein.

Vermischung heißt Glück, verletze dieses Prinzip nicht.
Natürlicherweise wahr und doch unbegreiflich,

gehört es weder zum Bereich des Irrtums noch zu dem der
Erleuchtung.
In kausalen Bedingungen, Zeit und Gelegenheit, scheint es ruhig
und hell.
In seiner Kleinheit passt es in Raumlosigkeit;
in seiner Größe ist es jenseits jeden Ortes.
Nur eine Abweichung um Haaresbreite
und die richtige Harmonie geht verloren.

Jetzt gibt es die plötzliche und die allmähliche Lehre,
weil grundlegende Lehrsätze aufgestellt wurden.
Sobald diese Lehrsätze klar sind, werden sie zur Regel.
Aber auch wenn die Lehre ganz verstanden wird,
fließt ungestört die ewige Wahrheit.
Äußerlich ruhig, innerlich in Bewegung.
wie ein gefesseltes Fohlen, eine gefangene Ratte -
die Heiligen der alten Tage hatten Mitleid mit ihnen,
und schenkten ihnen die Lehre.
Ihren Illusionen gemäß bezeichneten die das Schwarze als weiß.
Wenn die Illusionen ausgelöscht sind,
realisiert der ergebene Geist sich selbst.

Wenn du dich in den altehrwürdigen Weg einordnen willst,
betrachte die Ehrwürdigen der frühen Zeiten.
Wenn einer sich aufmachte, den Weg der Buddhaschaft zu erfüllen,
starrte er zehn Millionen Jahre lang auf einen Baum.
Wie ein Tiger, der einen Teil seiner Beute zurücklässt,
wie ein Pferd mit weißen Flecken am Hinterbein.
Weil es Minderwertiges gibt,
gibt es den Juwelenschemel und feine Kleidung.
Weil es die aufschreckende Unterscheidung gibt,
gibt es die Katze und den weißen Ochsen.
Yi, mit seiner Kunst des Bogenschießens,
konnte aus hundert Schritten Entfernung sein Ziel treffen.
Doch wenn Pfeile im Flug mit den Spitzen aufeinandertreffen,
was hat das noch mit Kunstfertigkeit zu tun?
Wenn der Mann aus Holz anfängt zu singen,

wenn die Frau aus Stein erhebt sich zum Tanz,
das ist nicht mehr im Bereich von Empfindung oder Unterscheidung.
Wie könnte da Denken zugelassen sein?
Ein Beamter dient dem König, ein Sohn gehorcht dem Vater.
Nicht zu gehorchen verletzt die Kindespflicht,
nicht zu dienen hilft nicht weiter.
Übe im Verborgenen, wirke im Inneren,
erscheine wie ein Narr, wie ein Tor.
Wenn du beständig bleibst,
wirst du ein Meister unter Meistern genannt.

Verfasst von Dongshan Liangjie (jap. Tôzan Ryokai, 807 – 869). Die Übersetzung ist angelehnt und Anmerkungen sind an die englische Fassung von T. Cleary aus Timeless Spring: A Soto Zen Anthology, angelehnt. Das Relative und das Absolute oder das Partielle und das Wahre werden auch als Diener und Herrscher, Sohn und Vater, Licht (Form) und Dunkelheit (Nicht-Form) bezeichnet. Caoshan bezeichnete das Relative als die Welt der Myriaden Formen und das Absolute als den Bereich der Leerheit. Das Relative wird auch als das Phänomenale (alle Phänomene) bezeichnet und das Absolute als das (Ur)Prinzip des Seins (...). Das Absolute wird immer im Relativen ausgedrückt - das ist das wahre Absolute, aber es ist nicht immer sichtbar. Vollkommenes Verständnis des Relativen, gegründet auf der Erfahrung des Absoluten, kulminiert in gleichzeitiger Erfahrung von beidem als Eins und damit in vollständigem Frieden und Ruhe. Dongshan sagt: „ Kommt man zurück und sitzt in der Asche, lebt dieses Leben als Wanderer, drückt seine Solidarität mit der Welt aus, indem man das Gelübde ablegt, vollkommene Erleuchtung zusammen mit allen Lebewesen zu verwirklichen. Das Kraut mit den fünf Gerüchen und der Diamantkeil sind Bilder von „fünf in Eins". Diese sogenannten fünf Ränge und Standpunkte, auch Blickpunkte genannt, sind eine Illustration der Stufen bzw. Blickwinkel der Erleuchtung: 1. Alle Phänomene werden als Ausdruck des einen wahren Wesens gesehen. 2. Alle Phänomene sind nicht unterscheidbar, nichts ist größer oder mehr als das andere. 3. Körper und Geist sind abgefallen. Erfahrung der Leerheit. 4. Jedes Phänomen ist eine einzigartige Manifestation der ganzen Wirklichkeit. 5. Absichtsloses Handeln (chin. Wu wei) aus der Mitte heraus, während Form und Leerheit sich unablässig durchdringen. Handeln ohne Begegnung von Hirn und Herz, allen Umständen augenblicklich gerecht. (Lexikon der östlichen Weisheitslehren. Buddhismus, Hinduismus, Taoismus, Zen, O.W. Barth Verlag. 2. Aufl. 1994. S. 116.)

Die Lehre der sieben Buddhas

SHO AKU MAKU SA   Niemandem schaden,
SHU ZN BU GYO   immer Gutes tun
JI JYO GO I   und den Herz-Geist rein zu halten,
ZE SHO BUK KYO   das ist die Lehre aller Buddhas.

Die drei reinen Gebote

Missachte die Gebote nicht!
Verwirkliche den Dharma!
Rette die vielen Wesen!

Sangemon | Reinigung | Bekenntnis

GA SHAKU SHO ZO SHO AKU GO
KAI YU MU SHIN TON JIN CHI
JU SHIN KU I SHI SHO SHO
IS SAI GA KON KAI SAN GE

All das schlechte Karma, erzeugt durch mich von Alters her, durch meine anfangslose Gier, meinen Hass und meine Verblendung, geboren aus meinem Leib, meinem Mund, meinem Denken. All das bereue ich jetzt.

Die zehn ernsten Gebote

1. Töte nicht!

Bodhidharma: Die Selbst-Natur ist unfassbar und geheimnisvoll. Im Bereich des immerwährenden Dharma den Gedanken der Vernichtung nicht aufkommen zu lassen, ist das Gebot, nicht zu töten.

Dogen Zenji: Die Buddha-Saat wächst in Übereinstimmung damit, kein Leben zu nehmen. Das ist der Weg in die Weisheit Buddhas. Zerstöre kein Leben.

2. Stehle nicht!

Bodhidharma: Die Selbst-Natur ist unfassbar und geheimnisvoll. In dem Bereich des Dharma, wo nichts erreicht werden kann, den Gedanken an Gewinn oder Verlust nicht aufkommen zu lassen, wird das Gebot, nicht zu stehlen, genannt.

Dogen Zenji: Wenn das Selbst und die Dinge nicht unter- schieden werden - sie sind gerade so, wie sie sind - ist das Tor zur Befreiung offen.

3. Missbrauche nicht Sexualität!

Bodhidharma: Die Selbst-Natur ist unfassbar und geheimnisvoll. In dem Bereich des Dharma des Nicht-Anhaftens Gedanken an Anhaften nicht aufkommen zu lassen, wird das Gebot, Sexualität nicht zu missbrauchen, genannt.

Dogen Zenji: Die drei Räder sind rein und klar. Wenn du nichts hast, was du begehrst, dann folgst du dem Weg aller Buddhas.

4. Lüge nicht!

Bodhidharma: Die Selbst-Natur ist unfassbar und geheimnisvoll. In dem Bereich des Dharma, der jenseits allen Ausdrucks ist, kein einziges Wort zu predigen, wird das Gebot, nicht zu lügen, genannt.

Dogen Zenji: Das Rad des Dharma dreht sich von Anfang an, da gibt es weder Überfluss noch Mangel.

Das ganze Universum ist feucht von Nektar, erlangt die Wahrheit, erlangt die Tatsache.

5. Missbrauche nicht Drogen!

Bodhidharma: Die Selbst-Natur ist unfassbar und geheimnisvoll. In dem Bereich des wahrhaft reinen und leuchtenden Dharma Täuschungen nicht aufkommen zu lassen, ist das Gebot, Drogen nicht zu missbrauchen.

Dogen Zenji: Bring' keine Drogen herein, lass' andere sich nicht verunreinigen. Dies ist wirklich das große Licht.

6. Sprich nicht über die Fehler anderer!

Bodhidharma: Die Selbst-Natur ist unfassbar und geheimnisvoll. Im Bereich des fehlerlosen Dharma nicht die Fehler anderer herauszustellen, wird das Gebot, nicht im Reden über die Fehler anderer zu schwelgen, genannt.

Dogen Zenji: Im Buddha-Dharma gibt es einen Weg, einen Dharma, eine Realisierung, eine Übung, lass das Fehler-Suchen nicht zu, veranlasse nicht andere, vom Weg abzukommen.

7. Lobe dich nicht selbst, während du andere tadelst!

Bodhidharma: Die Selbst-Natur ist unfassbar und geheimnisvoll. Im Bereich des gerechten Dharma nicht das Ich gegen das Du zu setzen, ist das Gebot, sich nicht selbst zu loben und andere nicht zu missbrauchen.

Dogen Zenji: Buddhas und Lehrer der Vergangenheit haben die Leere des unermesslichen Himmels und der großen Erde verwirklicht. Wenn die den großen Körper manifestieren, sind sie wie der Himmel ohne Innen- und Außenseite. Wenn sie den Dharma-Körper manifestieren, gibt es nicht einmal eine Spanne Boden auf der Erde.

8. Halte nicht den Reichtum des Dharma zurück!

Bodhidharma: Die Selbst-Natur ist unfassbar und geheimnisvoll. Im Bereich des Dharma der alles durchdringenden Soheit - wenn man an keinem einzigen Ding gierig hängt, wird dies das Gebot, nicht den Reichtum des Dharmas zurückzuhalten, genannt.

Dogen Zenji: Ein Wort, ein Satz - das sind die zehntausend Dinge und einhundert Gräser. Ein Dharma, eine Realisierung - das sind all die Buddhas und Lehrer der Vergangenheit. Von Anfang an gibt es nichts, um neidisch zu sein.

9. Gib deiner Wut nicht nach!

Bodhidharma: Die Selbst-Natur ist unfassbar und geheimnisvoll. Im Bereich des Dharma des Nicht-Ich kein Ich zu behaupten, ist das Gebot, der Wut nicht nachzugehen.

Dogen Zenji: Nicht zurückzuziehen, nicht vorwärtsgehen, nicht wirklich, nicht leer. Da ist ein Meer heller Wolken, da ist ein Meer würdevoller Wolken.

10. Lästere nicht über die drei Schätze!

Bodhidharma: Die Selbst-Natur ist unfassbar und geheimnisvoll. Im Bereich des Einen sich nicht an dualistische Konzepte von gewöhnlichen Wesen und Buddhas zu halten, wird das Gebot genannt, über die drei Schätze nicht zu lästern.

Dogen Zenji: Den Dharma mit diesem Körper auszulegen, ist der Hafen und das Wehr dieser Welt. Dies ist das Wichtigste in der Welt. Seine Tugend findet ihr Heim im Meer der Wesensnatur. Es ist unausdrückbar. Verehre es, und diene ihm mit ganzem Herzen.

Bendowa

Das Zazen auch nur eines einzigen Menschen
In einem Augenblick
Stellt unsichtbare Harmonie mit allen Dingen her
Und hallt wider durch alle Zeit.
So trägt dieses Zazen die Wahrheit
In Vergangenheit, Zukunft und Gegenwart
Dieses grenzenlosen Universums endlos weiter.
Jeder Augenblick Zazen ist gleichermaßen
Ganzheit der Übung,
Ganzheit der Verwirklichung.
Dies ist nicht nur Üben im Sitzen,
Sondern wie ein Hammer, der die Leere anschlägt -
Vorher und nachher klingt sein feiner Schlag überall hin.
Wie kann es auf diesen Augenblick beschränkt sein.....
Sitze hingabevoll in Zazen,
Lass alle Dinge los.
Dann wirst du über die Grenzen von Verblendung
Und Erleuchtung hinausgehen,
Und abseits der Pfade des Gewöhnlichen und des Heiligen
Wirst du dich augenblicklich frei bewegen können,
Außerhalb des gewöhnlichen Denkens,
Bereichert von großer Weisheit.
Wenn du dies tust,
Wie können dann jene, die sich mit Fischreuse
Oder dem Jagdnetz der Worte und Buchstaben abgeben
Mit dir verglichen werden!

Dogen Zenji, 1200 – 1253, berühmter japanischer Zen Mönch, der fünf Jahre in China lebte und dort unter Nyojo 1125 im Alter von 25 Jahren tiefe Erleuchtung bei der nächtlichen Meditation auf Nyojos Worte an den schlafenden Mönch erfuhr. ("Im Zazen sind Körper und Geist abgefallen. Warum schläfst du?"). Mehr dazu s. Zen Rebellen, Radikale und Reformer.
Bendowa: entnommen aus: Rezitationstexte, Sonnenhof Holzinshaus 1, 79677 Aitern www.spirituelle-wege.de und www.benediktushof-holzkirchen.de sowie *Würzburger Schule der Kontemplation*, Holzkirchen (www.wsdk.de)

Fukanzazengi - Allgemeine Richtlinien für Zazen

Von Beginn an war der Weg vollkommen gegenwärtig, warum sollten wir ihn erst noch üben und bezeugen müssen? Das Gefährt der Lehre bewegt sich frei und von selbst, welchen Sinn hätte da unser eifriges Üben? Im ganzen Universum gibt es nicht das geringste Staubkorn, wie könnten wir je versuchen, uns selbst durch die Übung zu reinigen? An diesem Ort ist alles offenbar, wohin sollten wir die Füße unserer Übung richten? Wenn du auch nur ein Haarbreit von Unterscheidung machst, wird sich eine Kluft wie zwischen Himmel und Erde auftun. Wenn du dem einen folgst und dem anderen widerstrebst, wird dein Geist wie Pulver vom Wind verweht. Auch wenn du stolz auf dein Wissen und deine große Erleuchtung bist, auch wenn deine intuitive Weisheit Buddha erschaut hat und du den Weg erlangt und den Geist geklärt hast, selbst wenn deine entschlossene Gesinnung zum Himmel durchbricht: Selbst dann zappelst du nur so wie einer, der mit dem Kopf in der Schale feststeckt, während der Leib den Ausweg zum Leben fast vollkommen vergessen hat. Shakyamuni wurde als Weiser geboren. Dennoch saß er für sechs Jahre im Gion-Park. Siehst du seine Spuren nicht? Bodhidharma brachte das Siegel des Geistes aus Indien. Hörst du nicht das Echo der neun Jahre, die er im Shorin-Tempel gegen die Wand gerichtet saß? Wenn es selbst bei den Alten so war, wie könnten wir Heutigen uns da vor der Übung drücken? Suche nicht nach Buchstaben, verstricke dich nicht in Worte, lass endlich ab von deinen Kommentaren. Dreh' das Licht um und beleuchte dich selbst, lerne, einen Schritt zurück zu tun. Von selbst werden sich Körper und Geist lösen, dein Urangesicht wird ganz offenbar. Wenn du die Dinge sehen willst, so wie sie sind, musst du – hier und jetzt – ganz du selbst sein, so wie du bist.

Für die Zen-Übung ist ein stiller Ort geeignet. Halte Maß beim Essen und Trinken und löse dich aus allen Bindungen, lasse die zehntausend Angelegenheiten ruhen. Denke nicht an „gut" und „böse", urteile nicht über „richtig" oder „falsch". Dein Geist und Bewusstsein drehen sich im Kreis – lass sie zur Ruhe kommen.

Hör auf, alles mit deinen Gedanken und Meinungen abzuwägen. Versuche auch nicht einen Buddha aus dir zu machen, gib dich nicht ab mit „sitzen" oder „liegen".

Breite eine dicke Sitzmatte aus. Darauf lege dein Sitzkissen. Sitze entweder im halben Lotussitz oder im vollen Lotussitz. Beim vollen Lotussitz lege den rechten Fuß auf den linken Oberschenkel und dann den linken Fuß auf den rechten Oberschenkel. Beim halben Lotussitz lege einfach den linken Fuß auf den rechten Oberschenkel.

Trage dein Gewand locker und ordentlich. Lege die rechte Hand auf den linken Fuß und die linke Hand auf die rechte Hand. Die Spitzen der beiden Daumen sind gegeneinander gestützt. Sitze gerade, in der richtigen Haltung. Sitze nicht nach links oder rechts gekrümmt, vornüber gebeugt oder zurückgelehnt. Ohren und Schultern sollten in einer Linie sein, während die Nase in einer Linie mit dem Nabel ist. Die Zunge sollte am Gaumen anliegen. Halte Lippen und Zähne geschlossen und die Augen stets geöffnet. Atme leise durch die Nase.

Ist der Körper auf diese Weise eingestimmt, dann atme einmal tief durch den Mund aus. Schwinge deinen Oberkörper erst nach links und rechts. Dann sitze reglos wie ein mächtiger Berg in Konzentration und denke auf dem Grund des Nicht-Denkens. Wie denkt man auf dem Grund des Nicht-Denkens? Es ist die Loslösung vom Denken (Undenken). Dies macht die Kunst des Zazen aus.

Zazen ist keine Meditationstechnik – es ist das Dharmator großer Zufrieden- und Gelassenheit. Es ist das übende Erweisen des endlosen Dharmaweges. Hier verwirklicht sich das offenbare Geheimnis, es gibt kein Netz mehr, in dem du dich verfangen könntest. Wenn du dir dies zu eigen gemacht hast, bist du wie ein Drache, der zurück ins Wasser taucht, du bist wie ein Tiger, der durch die Berge streift. Die wahre Lehre verwirklicht sich von selbst, und deine Müdigkeit und Zerstreutheit werden sich auflösen. Wenn du aus Zazen aufstehst, bewege deinen Körper erst langsam, und richte dich dann in Ruhe auf. Tue es nicht Hals über Kopf. Siehe, dass all die, die über das Gewöhnliche wie das Ungewöhnliche hinausgehen und im Sitzen wie im Stehen sterben, sich dieser einen Kraft überlassen. Das gilt auch für den Finger und den Mast, die Nadel und den Schlegel, mit denen das Rad der Lehre gedreht wurde. Der Erweis, der mit dem Wedel und der Faust, dem Stock und dem Schrei erbracht wurde, lässt sich durch Gedanken und Urteile nicht verstehen. Wie sollte ihn je einer erkennen, der sich mit übendem Erweisen um das Erlangen übernatürlicher Kräfte bemüht? Dein Handeln muss sich von Klang und Gestalt lösen, es muss sich auf die Ordnung gründen, die vor intellektuellem Sehen und Verstehen liegt.

Mache dir keine Gedanken darüber, ob du mehr weißt als die anderen oder nicht. Glaube nicht, dass der Kluge besser ist als der Dumme. Gib' dich einfach hin an die Übung: Das ist es, was Beschreiten des Weges genannt wird. Nichts könnte das übende Erweisen beflecken – sich nach dem Weg zu richten bedeutet, den Alltag zu leben. In dieser wie in allen anderen Welten, in Indien wie in China, wird das Buddhasiegel auf gleiche Weise bewahrt, und der Wind der Wahrheit weht frei und ungehindert. Gib' dich einfach hin an das Sitzen, geh' auf im unbeweglichen Zustand des Zazen. Auch wenn es tausend Wege mit zehntausend Unterschieden gibt, beschreite den einen Weg in dem du einfach nur Zen übst. Welchen Sinn hat es, das Sitzkissen bei dir zuhause zu verlassen, um in der Fremde umherzuirren? Ein falscher Schritt, und du wirst den Boden unter deinen Füßen verlieren. Als Mensch geboren, hast du die seltene Gelegenheit den Weg zu gehen – verschwende deine Zeit nicht!

Dem Buddhaweg in diesem Leben begegnet – wie könntest du die Gelegenheit ungenutzt lassen und fliegenden Funken nach-blicken? Dein Leben ist wie das Tau am Gras. Das Schicksal schlägt zu wie ein Blitz. Dein Körper hat keinen Bestand, in einem Augenblick musst du ihn aufgeben. Ich hoffe, dass du, der du die Lehre so gelernt hast wie ein Blinder, der an einem Elefanten tastet, nicht in Angst und Schrecken versetzt wirst, wenn du dem wirklichen Drachen begegnest. Übe den direkten Weg der Wahr-heit mit Leib und Seele, respektiere den Müßiggänger, der jenseits jedes Lernens ist. Teile die Weisheit mit Buddhas und Buddhas, erbe das Samadhi von Patriarchen und Patriarchen. Auf diese

Weise geübt - auf diese Weise verwirklicht. Die Schatzkammer öffnet sich von selbst - es liegt an dir, sie auszuschöpfen.

Dogen Zenji

Den Weg ergründen

Den Weg ergründen heißt sich selbst ergründen.
Sich selbst ergründen heißt sich selbst vergessen.
Sich selbst vergessen heißt
eins mit den zehntausend Dingen sein.
Eins mit den zehntausend Dingen sein,
heißt Körper und Geist von sich selbst
und Körper und Geist von der Welt um sich fallen lassen.
Die Spuren des Erwachens ruhen im Verborgenen,
und die im Verborgenen ruhenden Spuren des Erwachens
entfalten sich über einen langen Zeitraum.
Wenn ein Mensch zu Anfang den Dharma sucht,
ist er noch meilenweit von ihm entfernt.
Aber sobald der Mensch und der Dharma
zu einer Einheit werden,
ist der Mensch augenblicklich eins
mit seinem ursprünglichen Wesen.

Dogen Zenji

Tag und Nacht, was immer euch begegnet, ist euer Leben; daher solltet ihr euer Leben der Situation anpassen, der ihr im Augenblick begegnet.
Verwendet eure Lebenskraft dazu, aus den Umständen, die auf euch zukommen, eine Einheit mit eurem Leben zu gestalten und die Dinge an ihren richtigen Platz zu setzen.

Dogen Zenji

Bodhisattva Gelübde

Sehe ich mit den Augen der Weisheit die wirklichen Formen von
dem, was ist -
eben alles ist die vollständige Form der Wahrheit Tathagathas;
in jedem Ereignis, in jedem Moment, jedem Ort -
nichts anderes als unausdenkbares Licht.
So haben die Lehrer der Vergangenheit alles, selbst Vögel und
Vieh,
mit andächtigem, verehrendem Herzen geliebt und geschützt;
so ist unser Essen und Trinken und die schützende Kleidung
immer lebendige Haut und das Fleisch des Buddha
und seiner gnädigen Inkarnationen.
Wer wagt es, da nicht voller Verehrung und dankbar zu sein!
Schon den Dingen, die ohne Herzen sind, wird Gnade geschenkt -
wie viel mehr an Gnade und Rücksicht gerade den törichten
Menschen!
Selbst wenn es einer wäre voll Rachsucht, ein schlimmer Feind,
voller Vorwürfe, der mich quälte -
so ist eben dies des verkörperten Boddhisattva große Gnade,
ein Mittel zur Erlösung und zur Befreiung von Sünden,
angehäuft durch zahllose Zyklen von Kalpas
durch eigenen Egoismus, begehrendes Anhaften und Täuschung.
Wer so versteht, bescheiden spricht und aus reiner Verehrung,
wer tief reinen Glauben entstehen lässt,
sich gänzlich verlässt auf den Buddha und bescheiden sein Wort
hört - dem öffnen sich Lotosblüten aus den Gedanken,
und in jeder Blüte wird sich ein Buddha verwirklichen.
Verherrlicht werden kann überall Sukhavati, das reine Land,
und deutlich zu sehen ist das Licht des Tathagatha.
Ich wünsche, dass dieses Herz über all die Lebewesen sich
ausdehnt, damit wir gemeinsam mit allen die Erkenntnis-Samen
der Erleuchtung vollkommen verwirklichen.

Tōrei-Zenji (1712–1792), Schüler und Mitarbeiter von Hakuin Ekaku
(1685–1768). Hakuin war ein großer Reformer der japanischen Rinzai-Zen
Schule. Torej Zenji ordnete sein System.

Preisgesang auf ZaZen

Alle Wesen sind der Natur nach Buddha, so wie Eis der Natur nach Wasser ist.

Getrennt vom Wasser gibt es kein Eis, getrennt von den Wesen nicht Buddha.

Wie traurig, dass die Menschen das Nahe nicht sehen und die Wahrheit weit in der Ferne suchen!

Wie einer, der mitten im Wasser aufschreit vor Durst.

Wie ein Kind aus reichem Haus, das umherirrt unter den Armen.

Verloren auf den dunklen Pfaden der Unwissenheit wandern wir durch die sechs Welten,

von dunklem Pfad zu dunklem Pfad.

Wann werden wir frei von Geburt und Tod?

Oh das ZaZen des Mahayana! Ihm sei das höchste Lob!

Die vielen Tugenden: Lobpreis, Reue, Übung - die vielen Gebote:

Alle entspringen sie aus ZaZen!

Wem nur ein Sitzen sich vollendet, verschwindet anfangslose Schuld.

Wo sind dann die Pfade des Übels? Das Reine Land ist ganz nahe.

Wer diese Wahrheit auch nur einmal voll Demut hört, sie schätzt und verehrt,

findet ewige Glückseligkeit ohne Grenzen.

Wer sein Auge wahrhaft nach innen wendet und die Selbst-Natur bezeugt,

die Selbst-Natur, die Nicht-Natur ist, geht weit über das Denken hinaus.

Dann ist das eigene Wesen nichts anderes als die Natur des vollendeten Nichts.

Weit öffnet sich das Tor der Einheit von Ursache und Wirkung. Der Weg jenseits noch Nicht-Zwei und Nicht-Drei geht geradeaus.

Deine Gestalt die Gestalt des Gestaltlosen:

Kommen und Gehen sind nirgendwo sonst.

Eintreten in Denken das Nicht-Denken ist.

Singen und Tanzen sind Stimme der Wahrheit.

Wie grenzenlos und frei ist der Himmel der Geistesstille. Wie leuchtend der volle Mond der vierfachen Weisheit.

Was fehlt da noch in diesem Augenblick? Nirvana ist unmittelbar. Genau dieser Platz ist das Lotusland, genau dieser Körper der Buddha.

Zen Meister Hakuin, 1686 – 1769

Über die Atmung

Die Atmung soll stets den Raum zwischen Nabel und Lenden ausfüllen. Auch wenn weltliche Angelegenheiten (...) uns hindern, sollte die Kraftquelle drei Cun (drei Finger breit) unterhalb des Nabels sein und sich natürlicherweise mit lebensspendendem Atem füllen.

Zu keiner Zeit sollte man davon ablassen. Dieser Bereich sollte entspannt hängen und rundlich wirken, ähnlich eines Balls.

Wenn sich jemand diese Art der Atmung aneignet, kann er den ganzen Tag ohne müde zu werden meditieren, er kann von morgens bis abends Sutras rezitieren ohne zu ermüden, er kann ohne zu ermüden schreiben, ununterbrochen sprechen, arbeiten, ohne zu ermüden.

Seine Geisteskraft und Vitalität werden allmählich stärker werden. Im Sommer wird er nicht schwitzen, im Winter nicht frieren, Socken tragen oder sich wärmen müssen. Sollte er 100 Jahre alt werden, werden seine Zähne fest und gesund bleiben (...).

Ist jemand vollkommen geworden in der Übung, gibt es nichts, was er nicht leisten könnte.

Kein Samadhi, das er nicht erreichen und keine tugendhafte Tat, die er nicht erfullen konnte.

Zen Meister Hakuin

Bitte ruf mich bei meinen wahren Namen

Sage nicht, dass ich morgen gehe -
denn ich komme auch heute noch an.

Schau - jede Sekunde komme ich an
um eine Knospe zu sein an einem Frühlingszweig,
um ein kleiner Vogel zu sein, mit noch so zarten Flügeln
lerne ich singen in meinem neuen Nest,
um eine Raupe zu sein im Herzen einer Blume,
um ein Juwel zu sein, verborgen in einem Stein.

Ich komme noch an, um zu lachen und zu weinen,
zu fürchten und zu hoffen.
Der Rhythmus meines Herzens ist Geburt und Tod
von allem was lebt.

Ich bin die Eintagsfliege, sich verwandelnd
auf der Oberfläche des Flusses.
Und ich bin der Vogel,
der im Sturzflug die Eintagsfliege schluckt.
Ich bin ein Frosch, der glücklich
im klaren Wasser des Teichs schwimmt.
Und ich bin die Grasschlange,
die sich geräuschlos vom Frosch nährt.

Ich bin das Kind in Uganda, nur Haut und Knochen,
meine Beine dünn wie Bambusstecken.
Und ich bin der Waffenhändler,
der tödliche Waffen nach Uganda verkauft.

Ich bin das zwölfjährige Mädchen,
Flüchtling auf einem kleinen Boot,
das sich in den Ozean stürzt,
nachdem es von einem Seeräuber vergewaltigt wurde.
Und ich bin der Seeräuber,
mein Herz ist noch imstande
zu sehen und zu lieben.

Meine Freude ist wie der Frühling, so warm,
dass Blumen über die ganze Erde erblühen.
Mein Schmerz ist wie ein Tränenstrom,
so unendlich groß, dass er alle vier Meere füllt.

Bitte ruf mich bei meinen wahren Namen,
so dass ich auf einmal all meine Schreie
und all mein Lachen hören kann,
so dass ich sehen kann, meine Freude
und mein Schmerz sind eins.

Bitte rufe mich bei meinen wahren Namen,
so dass ich erwachen kann,
und die Tür meines Herzens
offen bleiben kann,
die Tür des Mitgefühls.

Thich Nhat Hanh, geb. 1926

Gautama Buddha
Die Erscheinungen werden vom Herzen angeführt

Die Erscheinungen werden vom Herzen angeführt,
vom Herzen beherrscht,
vom Herzen hervorgebracht.
Wenn ihr mit verdorbenem Herzen
sprecht oder handelt,
folgt euch Leid -
wie das Rad des Wagens
der Spur des Ochsens,
der ihn zieht.
Die Erscheinungen werden vom Herzen angeführt,
vom Herzen beherrscht,
vom Herzen hervorgebracht.
Wenn ihr mit ruhigem, klarem Herzen
sprecht oder handelt,
folgt euch Glück,
wie ein Schatten,
der nie weicht.

Aus: Reden des Buddha

Die Erfahrung des Chosetsu Shûsai

Hell strahlendes Licht
erleuchtet still das unendliche Weltall.
Heilige, gewöhnliche Menschen und sonstige Lebewesen -
alle leben in ein- und demselben Haus.
Kommt kein Gedanke auf,
ist die vollkommene Einheit klar manifestiert.
Regen sechs Sinne sich auch nur ein bisschen,
ist alles von Wolken verhangen.
Will man verblendete Leidenschaften abschneiden,
verstärkt sich die Krankheit um so mehr.
Will man sich der absoluten Wirklichkeit nähern,
ist auch das verkehrt.
Folgt man treu dem Lauf der weltlichen Zusammenhänge,
gibt es kein Hindernis.
Nirvana, Leben und Tod
sind nichts als leere Blumen.

Chosetsu Shûsai, um 900

Gewissheit des Mahamudra

Wenn jemand im eigenen Geist sich besinnt
auf den ursprünglichen Zustand seines Geistes,
lösen sich alle trügerischen Gedanken
in das Reich der letzten Wirklichkeit wie von selbst auf.
Niemand ist mehr zu finden, der Leiden verursacht,
und niemand, der leidet.
Das erschöpfendste Studium der Sutren
lehrt uns nicht mehr als dies Eine.

Ich, der Yogi Milarepa, sehe das Wesen;
hüllenlos liegt es vor meinem staunenden Blick.
Ich sehe, was jenseits aller Worte ist,
klar wie den reinen Himmel.

Indem ich alles loslasse,
sehe ich die Wirklichkeit.
Indem ich gelöst in Frieden ruhe,
erkenne ich die Leere von Allem und Jedem.

Ich entspanne und löse mich
und gelange in das Reich des Selbst;
ich lasse los, und im Vorüberfließen des Gewahrseins
werden das Reine und Unreine eins.

Weil ich nach nichts suche,
sind alle Gedanken und Vorstellungen abgeschnitten;
seit ich erkannt habe, dass Buddha und mein Geist eins sind,
sehne ich mich nicht länger nach Vollendung.

Wie die Sonne die Finsternis vertreibt,
so schwinden, wenn die Verwirklichung sich herniedersenkt,
alle Leidenschaften und Begierden wie von selbst.

Wer seinen Geist, ohne abgelenkt zu werden,
zu erschauen vermag,

der bedarf keiner Worte mehr und keines Geredes.

Wer in das Selbst-Gewahrsein versinken kann,
der hat es nicht nötig, steif dazusitzen, gleich einem Leichnam.
Wer das Wesen aller Erscheinungen erkennt,
dem schwinden die Begierden von selber ins Nichts.
Wer kein Begehren und keinen Hass mehr im Herzen trägt,
der braucht nicht zu heucheln oder aufzutrumpfen.

Die große Weisheit der Erleuchtung,
die Samsara und Nirvana weit hinter sich lässt,
der Wille erzwingt sie nicht,
sie kann nur errungen werden mit dem Segen und der Hilfe
des Wahrers der echten Überlieferung.

Ob du gehst, sitzt oder schläfst,
immer blick' auf deinen Geist,
pausenlos und ohne Unterbrechung;
das ist eine Übung, die die Mühe lohnt.

Milarepa, 1052 – 1135

Alle Dinge sind vergänglich

Wo es Schönheit gibt, da gibt es auch Hässlichkeit;
Wo es Richtig gibt, da gibt es auch Falsch.
Weisheit und Unwissenheit bedingen einander,
Illusion und Erleuchtung kann man nicht trennen.
Dies ist eine alte Wahrheit;
Glaube nicht, sie sei erst jetzt entdeckt worden.
„Ich will dies, ich will jenes" -
Das ist nichts als Dummheit.
Ich will dir ein Geheimnis verraten:
„Alle Dinge sind vergänglich!"

Ryōkan, 1758 – 1831

Epilog

Ich bin Brahman, Freud und Leid sind mir fremd,
ich sehne mich nach nichts, und nichts schreckt mich ab.
Ich bin in allen Farben, in Blüte und Blatt,
ich bin Hügel und Strom, Berggipfel und Tal.
Ich bin das Ureigenste von allem.

Wenn alle Vorstellungen und Empfindungen schweigen,
verbleibe ich als transzendente Wirklichkeit.
Ich bin das Unwandelbare, ohne Namen und Gestalt.
Ich bin das Selbst, Ausgangspunkt und Urgrund allen Seins,
ständig zugegen.
Die Basis aller Erfahrungen, das Licht,
das alles Erkennen ermöglicht, bin ich.

Als Indra regiere ich die Welt,
als Abt leite ich das Kloster, das mir zugewiesen ist.
Als Mensch bin ich der Mann und die Frau,
der Jüngling und das Mädchen.
Als Seele bin ich uralt,
und im immer wiedergeborenen Leib bin ich ewig jung.
Als Atman breite ich die Welt vor mir aus
wie das Kind sein Spielzeug.

Ich bin der Duft der Blumen
und die Farbe der Blütenblätter,
ich bin das, was alle Formen begreift und das,
was alles Wahrgenommene wahrnimmt.
Ich bin der Inbegriff aller Vorstellungen.
Was es auch an Veränderlichem
oder Unveränderlichem geben mag,
ich bin dessen innerstes Herz,
wunschlos und ungebunden.

Wie das Urelement der Feuchtigkeit
in den verschiedenen Formen des Wassers

alles Wachstum durchdringt,
so durchdringt mein Wesen die ganze Natur.
Als Bewusstsein belebe ich das Innerste aller Wesen und Dinge,
mein Wille verleiht ihnen Gefühl und Empfinden.

O gewaltiger, unendlicher Geist,
ich neige mich vor Dir als meinem Selbst!
Ich versinke in Dir wie im gewaltigen Meer der Weltflut!

Die irdische Welt ist mir zu klein geworden,
wie das Nadelöhr zu klein ist für den Elefanten.
Ich, der Ungeborene und Ungeschaffene,
erhebe mich triumphierend über die vergängliche Welt.

Shankara, 788 – 820

Suche es nirgendwo sonst

Suche es nirgendwo sonst. Sonst läuft es weg von Dir!
Jetzt wo ich allein wandle, treffe ich es überall.
Es ist sogar jetzt ich selbst. Ich bin sogar jetzt nicht was es ist.
Nur wenn man es so versteht, gibt es wahres Einssein mit der
Soheit.

Dongshan Liangjie (Tozan Ryokai)
chinesischer Mönch, 807 – 869

Samadhi

Im Samadhi ist der Übende ganz verschmolzen mit der Übung selbst.

Der Meditierende erlebt ein tiefes Gefühl der Beseligung, die stärker ist als sonst im Alltag möglich und stärker als sexuelle oder andere Lustbefriedigungen.

Der Meditierende erlebt beständig die Gegenwart eines großen inneren Leuchtens, oder Erleuchtet-Seins und sieht das Universum als ein riesiges Ganzes, voll durchscheinend und licht.

Im fortgeschrittenen Zustand steigt kein Gedanke mehr auf und man erreicht den Zustand des Nicht-Denkens. Es ist ein stabiles, leuchtendes Gewahrsein in Ruhe, ein So-sein, ein Nur-da-sein. (Buddha = Tathagatha)

Der Atem steht (chin. Chi she) und Geist und Materie verschmelzen. Der Körper wird von Chi/Prana/Geist direkt genährt, weil er darin weilt.

Zhang Chengji, 1920 – 1988, im Westen vor allem unter dem Namen C. C. Chang bekannt, war ein bedeutender buddhistischer Gelehrter und Philosoph.

Der Weg des Mitgefühls (Sutta-Nipata Buddhas)

So soll der handeln, der das Heil erstrebt, nachdem die STILLE
STÄTTE er erkannt:
Er sei energisch, aufrecht, unbeirrt, doch sanft und ansprechbar
und ohne Stolz.
Genügsam sei er und bescheiden, betriebsam nicht, doch aber
klug.
Er zügle immer seine Sinne und habe leicht genug.
Sie mögen glücklich und voll Frieden sein,
Die Wesen alle! Glück erfüll` Ihr Herz!
Was es an Lebewesen hier auch gibt,
Die schwachen und die starken, restlos alle;
Mit langgestrecktem Wuchs und groß an Körper,
Die mittelgroß und klein, die zart sind oder grob.
Die sichtbar sind und auch die unsichtbaren,
Die ferne weilen und die nahe sind,
Entstandene und die zum Dasein drängen, -
Die Wesen alle: Glück erfüll` ihr Herz!
Keiner soll den anderen hintergehen;
Weshalb auch immer, keinen möge man verachten!
Aus Ärger und aus feindlicher Gesinnung soll Übles man
einander nimmer wünschen!
Wie eine Mutter ihr eigenes Kind, ihr einzig Kind mit ihrem Leben
schützt,
So möge man zu allen Lebewesen, entfalten ohne Schranken
seinen Geist!
Voll Güte zu der ganzen Welt, entfalte ohne Schranken man den
Geist:
Nach oben hin, nach unten, quer inmitten, von Herzens-Enge,
Haß und Feindschaft frei!
Ob stehend, gehend, sitzend oder liegend, wie immer man von
Schlaffheit frei,
Auf diese Achtsamkeit soll man sich gründen.
Als göttlich Weilen gilt dies schon hienieden.
Om tat sat (Aum – das ist die Wahrheit).

Regeln für den Alltag des koreanischen Zen-Meisters Kyong Ho

1. Verlange nicht nach vollkommener Gesundheit. Völlige Gesundheit führt zu Habsucht und vielen Wünschen. Deshalb sagte ein Altehrwürdiger: „Verwandle das Leid des Krankseins in gute Medizin."

2. Hoffe nicht auf ein Leben ohne Probleme. Ein problemloses Leben erzeugt einen verurteilenden und müßigen Geist. Deshalb sagte ein Altehrwürdiger: „Nimm die zum Leben gehörenden Ängste und Schwierigkeiten an."

3. Glaube nicht, der geistliche Übungsweg sei ohne Hindernisse. Der erleuchtungssuchende Geist brennt sich ohne Hindernisse aus. Deshalb sagte ein Altehrwürdiger: „Finde Befreiung inmitten der Schwierigkeiten."

4. Bei ernsthafter Übung erwarte nicht, von seltsamen Erfahrungen verschont zu bleiben. Angestrengte Übung, die dem Unbekannten ausweicht, zeugt von mangelnder Entschlusskraft. Deshalb sagte ein Altehrwürdiger: „Stärke ernsthaftes Üben durch das Befreunden jeglichen Dämons."

5. Erwarte nicht, etwas leicht zu Ende führen zu können. Fällt dir etwas leicht zu, wird es den Willen schwächen. Deshalb sagte ein Altehrwürdiger: „Versuche immer wieder, das Angefangene zu vollenden."

6. Erwirb dir Freunde, ohne persönliche Vorteile zu erwarten. Freundschaft aus Eigennutz verletzt das Vertrauen. Deshalb sagte ein Altehrwürdiger: „Durch Reinheit des Herzens kommst du zu einer lang andauernden Freundschaft."

7. Erwarte nicht Befolgung deiner Anweisungen. Ein gehorsames Gefolge führt zu Stolz. Deshalb sagte ein Altehrwürdiger: „Strebe danach, Frieden unter den Menschen zu stiften."

8. Erwarte keinen Dank für eine gute Tat. Etwas im Gegenzug zu erwarten, führt zu einem berechnenden Geist. Deshalb sagte ein Altehrwürdiger: „Verwirf falsche Frömmigkeit wie ein paar alte Schuhe."

9. Suche keinen Profit über den Wert deiner Arbeit hinaus. Wer nach falschem Profit strebt, macht sich selbst zum Narren. Deshalb sagte ein Altehrwürdiger: „Sei reich in Ehrlichkeit."

10. Versuche nicht, durch überstrengte Übung die Klarheit des Geistes zu erzwingen. Jeder Geist wird irgendwann solche Strenge verachten. Und wo ist Klarheit des Geistes in Selbstkasteiung zu finden? Deshalb sagte ein Altehrwürdiger: „Schaffe einen Tunnel durch die Strenge hindurch."

11. Zeige dich jeglichem Hindernis gewachsen. Dadurch gelangte der Buddha ohne Behinderung zur Erleuchtung. Wahrheitssucher sind im Umgang mit Widrigkeiten geschult. Ein daherkommendes Hindernis kann sie nicht besiegen. Sich frei fechtend, erlangen sie großen Reichtum.

Zen Meister Kyong-Ho.
Entn. aus: Soeng Sunim: Thousand Peaks Korean Zen - Tradition and Teachers. Paramay Press, Berkeley, CA, 1987, S. 172

Tao Tse King, Zusammenfassung

Der Weg

Das Ewige können wir nicht erkennen. Wir können nur wunschlos und bescheiden leben und auf diese Weise das Wunder des Weges erkennen. Dieser gleicht einem leeren Gefäß, aus dem man immer wieder schöpfen kann und das doch unerschöpflich ist. Er ist verborgen und doch immer da als Bild vom Ursprung des Himmels. Der Anfang allen Seins ist unsichtbar, unhörbar und unfassbar, dennoch durchdringt er alles. Obwohl der Weg unvorstellbar ist, folgen die Menschen ihm seit Anbeginn der Zeit. Sie kennen seinen Namen und wissen, dass er den Anfang aller Dinge bewirkt. Diejenigen, die dem Weg folgen, werden eins mit ihm. Wer tugendhaft lebt, den nimmt die Tugend freundlich auf; wer die Tugend verliert, wird eins mit dem Verlust. Nur dem, der selbst vertraut, vertrauen auch andere.

> *„Der Weg, von dem wir sprechen können, / ist nicht der ewige Weg; / der Name, den wir nennen können, / ist nicht der ewige Name." (Abs. 1)*

Es gibt vier Kräfte im Universum: den Mensch, die Erde, den Himmel und den Weg. Das eine folgt dem anderen, nur der Weg ist eine Kraft an sich, die nur ihrer eigenen Natur folgt. Der Weg ist ein Wesen, das vor allem anderen da war, er ist so groß, dass er nicht erkannt werden kann. Obwohl er alles erschaffen hat, strebt er nicht nach Macht und Größe.

Dem Weg folgen

Wer dem Weg folgt, braucht keine Moral - er ist von sich aus tugendhaft, ohne sich darum bemühen zu müssen. Die Moral resultiert aus dem Verlust des Weges, sie ist eine verkümmerte Form der Tugend, die nur zur Verwirrung führt. Ihr Vorhandensein zeigt, dass Vertrauen und Treue zwischen den Menschen verloren gegangen sind.

> *„Der Weg verbirgt sich, / aber er ist immer gegenwärtig. / Ich weiß nicht, woher er kommt. / Er ist das ursprüngliche Bild vom Ursprung des Himmels." (Abs. 4)*

Drei Schätze sollte jeder, der dem Weg folgt, hüten: Mitgefühl,

Genügsamkeit und den Verzicht auf Ruhm. Nur wer mit anderen mitfühlt, ist mutig, nur wer genügsam ist, ist großzügig, und nur, wer nicht nach Ruhm und Ansehen strebt, kann anderen ein Vorbild sein und sie anleiten.

Der Weg des Himmels ist immer um Ausgleich bemüht: Denjenigen, die zu viel besitzen, wird etwas genommen. damit die, die zu wenig haben, genug bekommen. Dementgegen steht der Weg der Menschen: Während die einen immer mehr Besitz anhäufen, haben die anderen immer weniger. Wer dem Weg des Himmels folgt, verschenkt alles, was er nicht zum Überleben braucht. Dem Weg folgen heißt auch: das Nichttun pflegen. Man sollte jeden Tag weniger tun und handeln, sich nicht in Dinge einmischen. Wenn man zu viel tut, hat das nur schädliche Folgen. Durch das Nichttun dagegen erreicht man, dass alles von allein in Ordnung kommt.

Wissen und Wahrheit

Es gibt oft keinen großen Unterschied zwischen zwei verschiedenen Standpunkten. Ob die Antwort auf eine Frage Ja oder Nein lautet, ist meist nicht von Bedeutung. Deshalb sollte man unwissend bleiben und das Lernen sein lassen. Wenn man aber Wissen hat, tut man besser daran, zu schweigen und der Stille den Vorzug zu geben.

> *„ Zu seiner Bestimmung zurückkehren heißt: das Ewige erkennen. / Das Ewige erkennen heißt: erleuchtet sein." (Abs. 16)*

Das Wahre wirkt oft wie ein Widerspruch und klingt meist nicht schön. Was schön klingt, ist dagegen meist nicht wahr.

Der Weise

Der Weise stellt sich niemals in den Vordergrund, sondern nimmt sich selbst zurück. Statt anderen durch Worte und Taten zu schaden, pflegt er das Nichttun und schweigt. Indem er sich selbst aufgibt, ist er den anderen voraus; indem er sich selbst vergisst, kann er sich finden. Der Weise besitzt wenig, er macht sich selbst leer und beugt sich anderen, statt sich hervorzutun. Deshalb wird er anerkannt, geehrt und hoch geachtet. Er muss nicht weit reisen, um etwas über die Welt zu erfahren und den Weg zu begreifen - je weiter man in die Welt hinausgeht, desto weniger erkennt man. Wenn der Weise Reden hält, weist er auf Fehler hin, ohne jemanden zu beleidigen.

Erleuchtung

Wer nach innerer Leere strebt und sich in die Stille versenkt, kehrt zu seiner Bestimmung zurück und erkennt das Ewige. Diese Erleuchtung führt zur Gerechtigkeit und zum Weg des Himmels. Wahre Stärke zeigt der, der sich selbst erkennt und sich selbst überwindet. Wer allerdings immer mehr begehrt, beschwört sein eigenes Unheil herauf; wer anderen Gewalt antut, stellt sich gegen den Weg.

Einheit der Gegensätze

Nur weil wir das Hässliche kennen, können wir das Schöne wertschätzen. Das Sein geht aus dem Nichtsein hervor und alle Gegensätze bedingen sich gegenseitig. Der Weg vereint all diese Gegensätze. Auf ihn gehen alle Dinge zurück und dennoch braucht er weder Besitz noch Macht, noch will er, dass man ihm dankt. Auch in uns selbst müssen wir die Gegensätze vereinigen und die Einheit suchen. Dafür müssen wir Männliches und Weibliches, Licht und Dunkel, Ehre und Schande gleichermaßen bewahren.

„Entfalte das Schlichte und mach dir da Wesen / des unbehauenen Holzklotz zu eigen, / vermindere deine Selbstsucht / und gib auf die Begierden." (Abs. 19)

Erst das Zusammenspiel der Gegensätze erzeugt die Dinge dieser Welt. Sie alle gehen auf den einen Weg zurück. Deshalb gewinnt man manchmal, wenn man etwas verliert, oder man verliert, wenn man etwas gewinnt. Das Nichts ist genauso wichtig wie die Dinge, die da sind: Ein Haus wird erst durch die Öffnungen und damit durch die Leere bewohnbar, ein Gefäß erhält seinen Nutzen durch den Hohlraum im Inneren. Deshalb ist das, was nicht da ist, ebenso wichtig wie das, was da ist.

Bescheidenheit

Alles Übermaß führt unweigerlich zum Schlechten: Wer viel besitzt, wird bestohlen, wer nach hohem Ansehen strebt, wird enttäuscht. Deswegen ist es besser, das Glas nur halb zu füllen, also bescheiden zu bleiben. Das entspricht dem Weg des Himmels. Zu viel Hektik und zu schwer Erreichbares verwirren den Geist und das Herz. Man sollte sich mit dem begnügen, was man hat. Wer sich selbst rühmt oder mit seinen Taten prahlt, wird von außen weder Ruhm noch Anerkennung gewinnen. Statt falschem Schmuck wie Güte und Findigkeit anzulegen, sollte man sich einen unbehauenen Holzklotz zum Vorbild nehmen und einfach, schlicht und genügsam leben. Denn das größte Verbrechen ist das Verlangen, das größte Übel die Ungenügsamkeit und das größte Unglück die Habsucht. Nur wer mit dem zufrieden ist, was er hat, hat immer genug.

> *„Willst du die ganze Welt besitzen? / Glaubst du, dass du die Welt verbessern kannst? / Ich glaube nicht, dass das möglich ist. / Das Universum ist heilig, so wie es ist. / Du kannst es nicht besser machen."*
> *(Abs. 29)*

Man kann nicht die ganze Welt verbessern, denn sie ist heilig, so wie sie ist. Wer versucht, das Universum besser zu machen, wird es zerstören. Wenn man dem Weg folgt, realisiert man zuerst die eigene Tugend. Dadurch werden dann die Familie, das Dorf, das Land und die Welt tugendhaft.

Krieg und Waffen

Ein weiser Anführer versucht nicht, andere mit Waffen einzuschüchtern, denn damit provoziert er nur einen Gegenschlag. Der Krieg bringt für alle Beteiligten Nachteile: Er verwüstet das Land. Deswegen wendet ein guter Mensch nur dann Gewalt an, wenn es sich nicht umgehen lässt. Wenn ein Starker gegen Schwache Gewalt ausübt, wendet er sich gegen den Weg. Waffen bringen immer Unheil. Wenn man gezwungen ist, sie zu nutzen, darf man keine Freude dabei empfinden oder sich über den Sieg freuen. Ein Krieg ist nämlich nie ein Grund zur Freude, sondern gleicht einem Begräbnis. Statt zu jubeln, sollte man um die Opfer trauern.

„Waffen sind Instrumente es Unheils / und werden von allen Geschöpfen gehasst. / Wer dem Weg folgt, / besteht deshalb nicht auf ihrem Gebrauch." (Abs. 31)

Der Verzicht auf Streit, Gewalt und Rache ist eine Tugend. Jeder, der andere führen möchte, sollte sie besitzen. Wer mit einem anderen Land auf Kriegsfuß steht, sollte niemals einen Angriff einleiten, sondern sich nur schweren Herzens verteidigen. Man kann auch ohne Waffen Stärke zeigen.

Verbrechen und Strafe

Das Volk begeht nur dann Verbrechen, wenn ihm Dinge, die es nicht haben kann, als begehrenswert vorgestellt werden. Wenn die Menschen nicht nach Ansehen oder Reichtum streben, wenn sie genug zu essen und zum Leben haben, bleibt von sich aus die Ordnung in einem Land bestehen. Gesetze und Verbote führen nur dazu, dass das Volk immer ärmer wird. Je strenger das Volk bestraft wird, desto unruhiger und hinterlistiger wird es und desto mehr Verbrechen werden begangen.

„(...) wenn ich zu begehren aufhöre und still bleibe, / ist die Welt von sich aus / im Zustand der Ruhe und des Friedens." (Abs.37)

Viele Menschen haben Angst vor dem Tod. Deswegen bestrafen Regierungen Übeltäter für ihre Vergehen mit dem Tod. Den Tod zu bringen, ist jedoch die Aufgabe einer natürlichen Macht und nicht die eines Staates. Die Regierenden maßen sich mit der Verhängung der Todesstrafe eine Macht an, die sie nicht besitzen.

Der weise Herrscher

Auch die Herrscher sollten Einfachheit und Schlichtheit anstreben und wie ein unbehauener Holzklotz werden. Wenn sie sich nicht in das Leben des Volkes einmischen und keine Anweisungen geben, wird man ihnen von sich aus gehorchen. Auch sie sollten nicht begehren und die Stille suchen, damit in der Welt Ruhe und Frieden herrschen können.

*„Es kann ein Gewinn sein, wenn man etwas aufgibt, / und es kann
ein Verlust sein, wenn man etwas dazugewinnt." (Abs. 42)*

Die Herrscher, die dem Weg nicht folgen, häufen in ihren Palästen
Schätze an, während das Volk hungert. Sie schmücken sich,
prassen und besitzen mehr, als sie brauchen. Diese Herrscher
sind nicht besser als Räuber. Statt den Regierenden also mit
Geschenken zu schmeicheln, sollte man sie um ihrer selbst willen
auf den Weg hinweisen und ihnen Bescheidenheit und
Genügsamkeit nahelegen.

*„Ich bin gut zu denen, / die gut sind, / aber ich bin auch gut zu
denen, / die nicht gut sind, / denn so vermehre ich die Güte."
(Abs. 49)*

Ein weiser Herrscher ist demütig und stellt sich selbst zurück,
statt die Menschen zu unterdrücken. Wenn er den Wettbewerb
nicht sucht, wird er keine Konkurrenten haben. Das beste Land ist
klein und hat wenig Einwohner. Es hat zwar Waffen, setzt sie aber
nicht ein. Seine Einwohner sind mit dem zufrieden, was sie haben,
und streben nicht in die Ferne.

*„Der Palast ist voller Schätze, / auf den Feldern wuchert das Unkraut, /
und die Kornspeicher sind leer, / aber die Herrschaften tragen
prächtige Kleider (...) / Dort ist ganz sicher nicht der Weg."
(Abs. 53)*

Planvoll leben

Alles Große ist irgendwann aus etwas Kleinem hervorgegangen,
alles Schwierige war anfangs einfach. Deshalb sollte man die
Dinge angehen, solange sie noch klein und einfach sind.
Vorausschauendes Planen erleichtert die Arbeit: Ein Baum
wächst aus einem kleinen Samen, wird aber schließlich so groß.
dass ihn kein Mensch umfassen kann. Am besten beschäftigt
man sich mit den Dingen, bevor sie eintreten, und schafft Ordnung,
bevor sie durcheinander geraten. Der Weise erkennt die Schwierigkeiten, bevor sie eintreten, und begegnet ihnen daher gar nicht
erst.

Mitgefühl
Der Weise sorgt sich um alle Menschen, auch um die schlechten. Man sollte auch zu denen, die nicht gut sind, gut sein, um die Güte in der Welt zu vermehren. Genauso sollte man auch den misstrauischen Menschen Vertrauen schenken, damit es mehr Vertrauen in der Welt gibt.

Das Weiche und das Starre
Als Kinder sind die Menschen weich, und auch Pflanzen sind zart, wenn sie jung sind. Doch im Alter und im Tod werden beide hart und starr. Starr zu sein, bedeutet also, dem Tod nahe zu sein, während das Zarte und Nachgiebige dem Leben nahe ist. Das Weiche erringt den Sieg. Das beste Beispiel ist das Wasser: Es ist nachgiebig und weich und doch kann es Felsen aushöhlen und bewegen. Obwohl jeder weiß, dass das Weiche in diesem Sinne stärker ist als das Harte, scheint sich niemand danach zu richten.

Tao Tse King: vermutlich im 4. Jhdt. v. Chr. entstanden, wurde fälschlicherweise Lao Tse zugeschrieben. Man kann davon ausgehen, dass das Tao Tse King eine Zusammenfassung älterer Weisheiten ist, mit einigen Ergänzungen neueren Datums. Das Thema Versenkung ins Innere und die religiösen Anweisungen, die zum Tao führen, verarbeiten zahlreiche Anregungen aus früheren schamanistischen Volksreligionen. Ganz ähnliche Elemente griff auch Zhuangzi (365 bis 290 v.Chr.) auf, der wohl im 4. Jhdt. v. Chr. lebte und mit einem nach ihm selbst benannten Werk eine weitere zentrale Schrift des Taoismus verfasste.

Der höchste Mensch gebraucht sein Herz wie einen Spiegel. Er geht den Dingen nicht nach und geht ihnen nicht entgegen; er spiegelt sie wider, aber hält sie nicht fest.

Zhuangzi (365 bis 290 v.Chr.)

Kontemplation

Aus „Das Hohelied der Liebe"

Wenn ich in den Sprachen
der Menschen und Engel redete,
hätte aber die Liebe nicht,
wäre ich dröhnendes Erz
oder eine lärmende Pauke.

Und wenn ich prophetisch reden könnte
und alle Geheimnisse wüsste
und alle Erkenntnisse hätte;
wenn ich alle Glaubenskraft besäße
und Berge damit versetzen könnte,
hätte aber die Liebe nicht,
wäre ich nichts.

Und wenn ich meine ganze Habe verschenkte,
und wenn ich meinen Leib dem Feuer übergäbe,
hätte aber die Liebe nicht,
nützte es mir nichts.

Die Liebe ist langmütig,
die Liebe ist gütig.
Sie ereifert sich nicht,
sie prahlt nicht,
sie bläht sich nicht auf.

Sie handelt nicht ungehörig,
sucht nicht ihren Vorteil,
lässt sich nicht zum Zorn reizen,
trägt das Böse nicht nach.

Sie freut sich nicht über das Unrecht,
sondern freut sich an der Wahrheit.
Sie erträgt alles, glaubt alles,
hofft alles, hält allem stand.

Die Liebe hört niemals auf.   Paulus von Tarsus, 1. Kor.13, 1ff

Aus dem Thomasevangelium

Seine Jünger sprachen zu Jesus:
Das Reich, wann wird es kommen?
Jesus antwortete:
Auf das Reich muss man nicht warten, bis es kommt;
Und man muss nicht sagen, hier oder dort ist es.
Sondern das Reich des Vaters
ist schon über der Erde ausgebreitet,
nur die Menschen sehen es nicht.
Jesus sprach:
Ich bin das Licht, das über allen ist.
Ich bin das All. Aus mir ist das All hervorgegangen
und das All ist zu mir zurückgekommen.
Spaltet ein Stück Holz und ich bin da.
Hebt einen Stein auf und ihr findet mich.
Jesus sprach:
Wenn man euch fragt: Woher seid ihr geworden?
Sagt ihnen: Wir sind aus dem Licht gekommen,
dem Ort, wo das Licht geworden ist aus sich selbst.
Wenn man euch fragt: Wer seid ihr?
Sagt: Wir sind seine Söhne und Töchter,
und wir sind die Erwählten des lebendigen Vaters.
Wenn man euch fragt:
Was ist das Zeichen eures Vaters an euch?
Sagt ihnen: Es ist Bewegung und Ruhe.
Seine Jünger fragten ihn:
Wann wird die Ruhe kommen,
und wann wird die neue Welt kommen?
Er antwortete:
Die neue Welt ist schon gekommen. Aber ihr erkennt sie nicht.

Das Thomasevangelium (auch Evangelium nach Thomas) ist eine Sammlung von 114 Sprichworten (Logien) und kurzen Dialogen, vollständig in koptischer Version um 350 n. Chr. erhalten Es enthält bekannte und unbekannte Jesusworte. Einige Textstellen widersprechen dem Christusbild des Neuen Testaments. Es ist im Satzbau verschieden von den Evangelien des Neuen Testaments und entspricht im Umfang nur etwa einem Sechstel des Lukasevangelium. Der Autor ist unbekannt und hat vermutlich den Apostel Thomas als Pseudonym verwendet. (entn. aus Wikipedia)

Gesang an Gott

Mit welchem Namen soll ich Dich anrufen,
der Du über allen Namen bist?

Du, der Über-Alles, welchen Namen soll ich Dir geben?
welcher Hymnus kann Dein Lob singen?
Welches Wort von Dir sprechen?

Kein Geist kann in Dein Geheimnis eindringen,
kein Verstand Dich verstehen.

Von Dir geht alles Sprechen aus, aber Du bist über alle Sprache.
Von Dir stammt alles Denken, aber Du bist über alle Gedanken.

Alle Dinge rufen Dich aus, die stummen
und die mit Sprache begabten.
Alle Dinge vereinen sich, Dich zu feiern,
das Unbewusste und das, was bewusst ist.

Du bist das Ende aller Sehnsüchte
und allen schweigenden Strebens.
Du bist das Ende allen Seufzens Deiner Schöpfung.
Alle, die Deine Welt zu deuten wissen,
vereinen sich, Dein Lob zu singen.

Du bist beides - alles und nichts,
nicht ein Teil, auch nicht das Ganze.

Alle Namen werden Dir gegeben,
und doch kann keiner Dich fassen.
Wie soll ich Dich also nennen,
Du, der Du über allen Namen bist?

Nach Gregor v. Nazianz, 329 – 390

Die erste Ursache hat nichts Irdisches an sich

Die erste Ursache, die Ursache von allem,
ist weder Sein noch Leben.
Denn sie ist es ja gewesen,
die Sein und Leben erst erschaffen hat.

Die erste Ursache
ist auch nicht Begriff oder Vernunft.
Denn sie ist es ja gewesen,
die Begriffe und Vernunft erst erschaffen hat.

Die erste Ursache
ist auch nicht an einem bestimmten Ort zu finden,
weder an einem Ort im Raum,
noch an einem Ort in den Gedanken.
Denn jeder Ort ist ja nur Geschöpf.

Nichts in der Welt ist die erste Ursache.
Denn alles in der Welt
ist ja von ihr erschaffen worden.

Und dennoch ist die keineswegs ohne Macht:
Denn sie hat doch alles erschaffen,
alles ins Sein gerufen, was ist.
Und Schöpfung, Ruf ins Sein,
braucht eine Macht,
damit auch wirklich etwas entsteht.

Und dennoch ist die erste Ursache auch keine Macht.
Denn sie ist es ja gewesen,
die die Macht erschaffen hat.

Dionysius Areopagita, um 500

Die Ursache von allem

Die Ursache von allem ist über allen
und ist nicht existenzlos, leblos, sprachlos, geistlos.
Sie ist kein materieller Leib
und hat daher weder Figur noch Form, Qualität oder Gewicht.
Sie ist an keinem Ort und kann weder gesehen noch berührt
werden.
Sie leidet unter keiner Unordnung oder Störung
und wird von keiner irdischen Leidenschaft überwältigt.
Sie ist nicht machtlos und ist auch nicht den Störungen
der Sinnesorgane unterworfen.
Sie erleidet keinen Wandel, keine Minderung, keine Teilung, keine
Einbuße, keine Ebbe, keine Flut, nichts was mit den Sinnen
erfasst werden könnte.
Nichts von alledem kann mit ihr gleichgesetzt oder ihr
zugeschrieben werden.
Sie ist weder Seele noch Geist, besitzt kein Vorstellungsvermögen,
keine Überzeugungskraft, keine Sprache und kein Verstehen.
Auch ist sie weder Sprache noch Verstehen an sich.
Man kann über sie nicht sprechen, sie kann nicht mit dem
Verstand begriffen werden. Sie ist keine Zahl oder Ordnung,
Größe oder Kleinheit, Gleichheit oder Ungleichheit, Ähnlichkeit
oder Unähnlichkeit.
Sie ist nicht unbeweglich, beweglich oder in Ruhe befindlich.
Sie hat keine Macht, sie ist weder Macht noch Licht.
Sie lebt nicht, sie ist auch nicht das Leben.
Sie ist keine Substanz, ist weder Ewigkeit noch Zeit.
Sie kann nicht vom Verstand begriffen werden,
weil sie weder Wissen noch Wahrheit ist.
Sie ist kein Königtum. Sie ist keine Weisheit. Sie ist weder eins
noch Einssein, Göttlichkeit oder Güte.
Auch ist sie kein Geist,
so wie wir diesen Begriff verstehen.
Sie ist weder Sohnschaft noch Vaterschaft noch irgendetwas,
was uns oder einem anderen Wesen bekannt ist.
Sie fällt weder in den Bereich des Seins noch des Nicht-Seins.

Existierende Wesenheiten kennen sie nicht, wie sie wirklich ist
und sie kennt sie nicht, wie sie sind.
Von ihr kann nicht gesprochen werden, für sie gibt es keinen
Namen, man kennt sie nicht.
Dunkel und Licht, Irrtum und Wahrheit -
sie ist nichts davon. Sie ist jenseits von Bestätigung und
Verneinung.
Wir bestätigen und verneinen das, was neben ihr ist,
aber nie sie selbst, denn sie ist jenseits aller Bestätigungen,
da sie vollkommene und einzigartige Ursache aller Dinge ist
und aufgrund ihres einfachen, absoluten Wesens ist sie frei
von allen Beschränkungen, jenseits aller Grenzen,
sowie jenseits aller Verneinungen.

Wüstenvater, unbekannt, 6. Jh.

Gott ist alles

Gott ist ja doch alles, was gedacht und wahrgenommen wird,
nichts anderes als die Erscheinung des Nicht-Erscheinenden,
das Offenbar-Werden des Verborgenen,
die Bejahung des Verneinten,
die Erfassung des Unerfassbaren,
der Ausdruck des Unsagbaren,
die Nähe des Unnahbaren,
das Verständnis des Nicht-Verständlichen,
der Körper des Unkörperlichen,
die überwesentliche Wesenheit,
die formlose Form,
das unmessbare Maß,
die unzählbare Zahl,
das unwägbare Gewicht,
die geistige Masse,
die unsichtbare Sichtbarkeit,
der unräumliche Raum,
die zeitlose Zeit,
die Begrenzung des Unbegrenzten,
die Beschränkung des Unumschränkten
und alles andere zumal,
was mit dem reinen Denken gedacht und durchschaut wird,
und was im Gedächtnis nicht erfasst wird,
und der Schärfe des Geistes entgeht.

Scotus Eriugena, 810 – 877

O Gott, nimm mich mir

O Gott, nimm von mir, was mich wendet von dir,
O Gott, gib auch mir, das mich kehret zu dir.
O Gott, nimm mich mir, und gib mich ganz zu eigen dir.

Nikolaus von Flüe, 1417 – 1487

Ich bin das heimliche Feuer in allem

Ich bin das heimliche Feuer in allem, und alles duftet von mir,
und wie der Odem im Menschen, Hauch der Lohe,
so leben die Wesenheiten und werden nicht sterben,
weil ich ihr Leben bin.

Ich flamme als göttlich feuriges Leben
über dem prangenden Feld der Ähren,
ich leuchte im Schimmer der Glut,
ich brenne in Sonne, in Mond und in Sternen,
im Windhauch ist heimliches Leben aus mir
und hält beseelend alles zusammen.

Hildegard von Bingen, 1098 – 1179

Denn ich bin das Leben

... so ruhe ich in aller Wirklichkeit, verborgen als feurige Kraft.
Alles brennt durch mich, wie der Atem den Menschen unablässig
bewegt,
gleich der windbewegten Flamme im Feuer.
Dies alles lebt in seiner Wesenheit und ist kein Tod darin.
Denn ich bin das Leben. Ich bin auch die Vernunft,
die den Hauch des tönenden Wortes in sich trägt,
durch das die ganze Schöpfung gemacht ist.
Allem hauch ich Leben ein, sodass nichts davon in seiner Art
sterblich ist.
Denn ich bin das Leben.

Hildegard von Bingen

Hadewijch an die jungen Beginen

Wer nach Vereinigung mit der Gottheit strebt,
muss sich mit allen Tugenden schmücken.

Seid prompt und eifrig bei jeder Tugend,
und müht euch um keine.
Vernachlässigt keine Arbeit,
und tut nichts Besonderes.
Seid gut und mitfühlend gegenüber einem Jeden in Not,
aber bekümmert Euch um niemanden.

Möge Gott selbst Euch verstehen lassen, was ich sagen will.

Hadewijch von Antwerpen, 1210 – 1260

Man muss Mensch und Gott in einer Erkenntnis kosten
An Epiphania (...) wurde ich im Geist entrückt (...).
Ich vernahm eine schreckliche und nie gehörte Stimme,
die mir symbolisch sagte: „Sieh, wer ich bin!"
Und ich sah den, den ich suchte. Sein Angesicht offenbarte sich
(...). Und in diesem Angesicht sah ich alle Geschöpfe.
In der Liebe zunichte werden ist das Höchste, was ich weiß:
Der Liebe mit Verlangen entgegentreten,
kein Herz und kein Denken mehr haben.
(...) wenn die Seele nichts anderes als Gott hat, wenn sie
vernichtet, verschlungen ist, sich in Nichts aufgelöst hat,
so wird sie mit ihm gänzlich dasselbe, was er ist.
Dies vollzieht sich in einem unfassbaren Augenblick,
einem Blitz, der das Licht der Liebe ist.

Hadewijch von Antwerpen

Allein in der uferlosen Ewigkeit

Wenn die Seele allein steht in der uferlosen Ewigkeit,
weit geworden, gerettet durch die Einheit, die sie aufnimmt,
dann wird ihr etwas Einfaches enthüllt,
das Unaussprechliche, das reine und nackte Nichts.
Ah! Gott, welche Hoheit, diese freie Leerheit,
wo die Liebe alles andere liebevoll hingibt.
Alles ist mir eng geworden, alles so klein.
Eine ungeschaffene Wirklichkeit wollte ich ewig ergreifen:
Ich habe sie umfasst, sie hat mich losgemacht von jeder Grenze.
In der Gottheit kein Erscheinen der Person.
Die Drei in Einem sind reine Bloßheit.
An jenem Ort, wo die Personen übergehen
in die Einheit ihres gemeinsamen Wesens,
in diesem bodenlosen Abgrund der Einfachen Glückseligkeit.

Hadewijch von Antwerpen

Aus „Das fließende Licht der Gottheit", Buch 1

Die Wüste hat zwölf Dinge
Du sollst lieben das Nichts.
Du sollst fliehen das Etwas.
Du sollst alleine steh'n.
Du sollst zu niemandem geh'n.
Du sollst überaus unmüßig sein.
Und Dich von allen Wesensdingen befrei'n.
Du sollst die Gefangenen losbinden.
Und die Freien zwingen
Du sollst die Kranken laben.
Und sollst doch dies selbst nicht haben.
Du sollst das Wasser der Pein trinken.
Und das Feuer der Liebe mit dem Holz der Tugend entzünden.
So wohnest Du in der wahren Wüste.

Mechthild von Magdeburg, 1207 – 1282

Die Nächstenliebe gehorcht einzig nur der Liebe

Die Nächstenliebe gehorcht nichts Geschaffenem,
einzig nur der Liebe.
Die Nächstenliebe nennt nichts ihr Eigen.
Und gesetzt, sie hätte irgendetwas,
so würde sie niemals sagen, es gehöre ihr.

Die Nächstenliebe lässt ihre eigene Angelegenheit
und nimmt sich jener der anderen an.
Die Nächstenliebe verlangt von keiner Kreatur
irgendeinen Lohn,
was Gutes oder Angenehmes sie auch für sie getan hat.

Die Nächstenliebe kennt weder Schande,
noch Furcht, noch Missbehagen.
Sie ist so aufrecht, dass sie nicht gebeugt werden kann,
was immer ihr zustößt.
Die Nächstenliebe stellt nicht ab,
und legt nicht Wert auf irgendetwas unter der Sonne;
Die ganze Welt ist für sie Ausschuss und Abfall.

Die Nächstenliebe gibt jedermann,
was sie an Tauglichem hat.
Sie hält sich auch selbst nicht zurück,
und dadurch verspricht sie in ihrer großen Freigebigkeit oft,
was sie gar nicht hat, in der Hoffnung, dass gelte:
Je mehr man gibt, umso mehr hat man.

Die Nächstenliebe ist eine so kluge Händlerin,
dass sie überall Gewinn herausschlägt,
wo andere Verluste machen,
und sie entgeht den Stricken, in die andere sich verwickeln.
Und so hat sie große Vermehrung an dem,
was der Liebe genehm ist.

Marguerite Porete, ca. 1250 – 1310, wurde am Pfingstmontag 1310
in Paris auf dem Scheiterhaufen verbrannt. Man hatte sie beschuldigt,
ein Buch voller Glaubensirrtümer und Falschlehren verfasst zu haben.

Das Gebet

Jemand mag übers Feld gehen und sein Gebet sprechen
und Gott erkennen;
oder er mag in der Kirche sein
und Gott erkennen.
Wenn er deshalb Gott besser erkennt,
weil es an einem ruhigen Platz ist, wo er das gewohnt ist,
so liegt das an seiner Unzulänglichkeit, nicht an Gott.
Denn Gott ist gleich in allen Dingen und an allen Orten
und ist bereit, sich gleich zu geben,
soweit es an ihm liegt.

Meister Eckhart, ca. 1260 – 1328

Gott ist allzeit bereit

Gott ist allzeit bereit, wir aber sind sehr unbereit.
Gott ist uns nahe, wir aber sind ihm sehr fern.
Gott ist innen, wir aber sind draußen.
Gott ist in uns daheim, wir aber sind in der Fremde.

Dass ein Mensch ein ruhiges Leben in Gott hat,
das ist gut.
Dass ein Mensch ein mühevolles Leben mit Geduld erträgt,
das ist besser.
Dass man aber Ruhe hat im mühevollen Leben,
das ist das Beste.

Abgeschiedene Lauterkeit kann nicht beten,
denn wer betet, der begehrt etwas von Gott,
das ihm zuteil werden solle,
oder aber begehrt, dass ihm Gott etwas abnehme.
Nun begehrt das abgeschiedene Herz gar nichts,
es hat auch gar nichts, dessen es gerne ledig wäre.
Deshalb steht es ledig allen Gebetes,
und sein Gebet ist nichts anderes
als einförmig zu sein mit Gott.
Das macht sein Gebet aus.

Meister Eckhart

Der Mensch muss sich lassen

Niemals steht ein Unfriede in dir auf, der nicht aus dem Eigenwillen kommt, ob man es nun merke oder nicht (...). Darum fang zuerst bei dir selbst an und lass dich! Wahrhaftig, fliehst du nicht zuerst dich selbst, wohin du sonst fliehen magst, da wirst du Hindernis und Unfrieden finden wo immer es auch sei. Du musst wissen, dass sich noch nie ein Mensch in diesem so weitgehend gelassen hat, dass er nicht gefunden hätte, er müsse sich noch mehr lassen.

Meister Eckhart, Predigten und Traktate

Du brauchst Gott weder hier noch dort zu suchen

Du brauchst Gott weder hier noch dort zu suchen;
er ist nicht ferner als vor der Tür des Herzens.
Da steht er und harrt und wartet,
wen er bereitfindet, der ihm auftue und ihn einlasse.
Du brauchst ihn nicht von weit her herbeizurufen;
er kann es weniger erwarten als du, dass du ihm auftust.
Es ist ein Zeitpunkt: Das Auftun und das Eingehen.
Wo und wann Gott dich bereitfindet,
so muss er wirken und sich in dich ergießen;
in gleicher Weise, wie wenn die Luft klar und rein ist,
die Sonne sich ergießen muss und sich nicht zurückhalten kann.
Es wäre sicherlich ein sehr großer Mangel an Gott,
würde er nicht große Werke in dir wirken
und großes Gut in dich ergießen,
wenn er dich so ledig und so frei findet.
Es ist ein Augenblick:
Das Bereitsein und das Eingießen.

Meister Eckhart, Predigten und Traktate

Wie denn soll ich Gott lieben?

Du sollst ihn lieben, wie er ist, ein Nicht-Gott, ein Nicht-Geist,
eine Nicht-Person, ein Nicht-Bild,
mehr noch: Wie er ein lauteres, reines, klares Eines ist,
abgesondert von aller Zweiheit.
Und in diesem Einen sollen wir ewig versinken
Vom Etwas zum Nichts. Dazu helfe uns Gott.

Meister Eckhart, Predigten und Traktate

Gott und ich wir sind eins

Die Leute sagen oft zu mir: „Bittet für mich!"
Dann denke ich: „Warum geht ihr aus?
Warum bleibt ihr nicht in euch selbst
und greift in euer eigenes Gut?
Ihr tragt doch alle Wahrheit wesenhaft in Euch."
Man soll Gott nicht außerhalb von einem selbst erfassen und
ansehen, sondern als mein Eigen und als das, was in einem ist;
zudem soll man nicht dienen noch wirken um irgendein Warum,
weder um Gott noch um die eigene Ehre,
noch um irgendetwas, was außerhalb von einem ist,
sondern einzig um dessen willen,
was das eigene Sein und das eigene Leben in einem ist.
Manche einfältigen Leute wähnen,
sie sollten Gott so sehen, als stünde er dort und sie hier.
Dem ist nicht so. Gott und ich, wir sind eins.
Durch das Erkennen nehme ich Gott in mich hinein;
Durch die Liebe hingegen, gehe ich in Gott ein

Meister Eckhart, Predigten und Traktate, Pr.6/7

In der Liebe

Wo nun die Seele ist, in der Gott sein Werk wirkt,
da ist das Werk so groß,
dass dieses Werk nichts anderes ist als die Liebe;
Die Liebe hinwiederum ist nichts anderes als Gott.
Gott liebt sich selbst und seine Natur,
sein Sein und seine Gottheit.
In der Liebe aber, in der Gott sich selbst liebt,
darin liebt er auch alle Kreaturen - nicht als Kreaturen, sondern die
Kreaturen als Gott.
In der Liebe, in der Gott sich selbst liebt, darin liebt er alle Dinge.
Nun will ich noch etwas sagen, was ich noch nie gesagt habe:
Gott schmeckt sich selbst. In dem Schmecken, in dem Gott
schmeckt, darin schmeckt er alle Kreaturen.
Mit dem Schmecken, mit dem Gott sich schmeckt, damit
schmeckt er alle Kreaturen - nicht als Kreaturen,
sondern die Kreaturen als Gott.
In dem Schmecken, in dem Gott sich schmeckt,
in dem schmeckt er alle Dinge.

Meister Eckhart, Predigten und Traktate, Pr.26

Ein armer Mensch

Da ich noch in meinem ersten Ursprung stand, da hatte ich keinen
Gott
Und da war ich der Ursprung meiner selbst.
Ich wollte nichts, ich begehrte nichts, denn ich war ein lediges Sein
und ein Erkennen meiner Selbst im Genuss der Wahrheit.
Da wollte ich mich selbst und wollte nichts sonst;
Was ich wollte, das war ich und was ich war, das wollte ich,
und hier stand ich ledig von Gott und von allen Dingen.
Darum bitte ich Gott, dass er mich Gottes quitt mache;
Denn mein wesentliches Sein ist oberhalb von Gott,
sofern wir Gott als Beginn der Kreaturen verstehen.
In jenem Sein Gottes nämlich, wo Gott über allem Sein
und über aller Unterschiedenheit ist, dort war ich selbst,

da wollte ich mich selber und erkannte mich selber, diesen
Menschen, mich zu schaffen.

Darum bin ich die Ursache meiner selbst, meinem Sein nach,
das ewig ist, nicht aber meinem Werden nach, das zeitlich ist.

Und darum bin ich ungeboren und nach der Weise meiner
Ungeborenenheit kann ich niemals sterben.

Nach der Weise meiner Ungeborenenheit bin ich ewig gewesen,
und bin ich jetzt und werde ich ewig bleiben.

Was ich meiner Geburt nach bin das wird sterben und zunichte
werden, denn es ist erblich; darum muss es mit der Zeit
vergehen.

In meiner ewigen Geburt wurden alle Dinge geboren,
und ich war Ursache meiner selbst und aller Dinge;
und hätte ich gewollt, so wäre weder ich, noch wären alle Dinge;
wäre aber ich nicht, so wäre auch „Gott" nicht.

Dies zu wissen ist nicht not.

Wer diese Rede nicht versteht, der bekümmere sein Herz nicht
damit.

Denn solange der Mensch dieser Wahrheit nicht gleicht,
solange wird er diese Rede nicht verstehen.

Denn es ist eine unverhüllte Wahrheit, die da gekommen ist
aus dem Herzen Gottes unmittelbar.

Meister Eckhart, Predigten und Traktate, Pr.32

Wäre Gott begreiflich

Wäre die Wahrheit begreiflich, wäre es nicht die Wahrheit.

In undurchdringlicher Finsternis; in unbeweglicher Ruhe thront die Gottheit.

Wir können ihr nur Negationen aussagen: dass sie unendlich, unerforschlich, ungeschaffen sei.

Jedes positive Prädikat macht aus Gott einen Abgott. Gott ist nicht dies oder das.

Wenn einer wähnt er habe Gott erkannt, so hat er wohl irgendetwas erkannt, nur nicht Gott.

Du sollst ihn erkennen ohne die Hilfe eines Bildes, einer Vermittlung oder Ähnlichkeit.

„Soll ich Gott so ohne Vermittlung erkennen, so muss ich ja geradezu er und er muss ich werden!"

„Aber das meine ich gerade! Gott muss geradezu ich werden und ich geradezu Gott!"

Das geringste kreatürliche Bild, das sich in dir bildet, ist so groß wie Gott. Warum? Es benimmt dir einen ganzen Gott! Denn in dem Augenblick, wo dieses Bild in dich eingeht, muss Gott weichen mit all seiner Göttlichkeit. Aber wo dieses Bild ausgeht, da geht Gott ein.

Ei lieber Mensch, was schadet es dir denn, wenn du Gott gönnest in dir zu sein?

Nie hat ein Mensch sich irgend wonach sehr gesehnt, wie Gott sich danach sehnt, den Menschen dazu zu bringen, dass er Gottes inne werde.

Gott ist allezeit bereit, aber wir sind sehr unbereit; Gott ist uns nahe, aber wir sind ihm fern;

Gott ist drinnen, wir sind draußen, Gott ist bei uns heimisch, wir sind bei ihm Fremde.

Um nun zu der reinen Anschauung Gottes, zur „Vergottung" zu gelangen, bedarf es nur des STILLEHALTENS:

Der Mensch muss schweigen, damit Gott sprechen kann. Der Mensch muss leiden, damit Gott wirken kann. Alle Kreaturen sind ein lauteres Nichts. Es gibt nur Gott, nicht Gott und die Kreatur, wie unser Unverstand glaubt. Daher müssen wir unsere Kreatürlichkeit abstreifen.

Dazu gelangen wir durch die Abgeschiedenheit, nämlich die Lösung von aller Sinnlichkeit und durch die Armut.

Ein armer Mensch ist, wer nichts weiß, nichts will und nichts hat.

Solange der Mensch noch irgendetwas Bestimmtes begehrt ist er nicht recht arm, das heißt noch nicht recht vollkommen.

Deshalb sollen wir im Gebet um nichts anderes bitten als allein um Gott.

Wer um etwas bittet, der bittet um ein Nichts.

Auch die kirchlichen Gnadengaben sind für den wahrhaft Frommen überflüssig, ihm wird jede Speise zum Sakrament. Nicht auf Messehören, Beichten und dergleichen kommt es an, sondern auf die Geburt Christi in uns: Ave Maria ist selig, nicht weil sie Jesu leiblich, sondern weil sie ihn geistig geboren hat, und das kann ihr jeder Mensch in jeder Stunde nachmachen.

Tugend besteht nicht in einem Tun, sondern in einem Sein.

Die Werke sollen nicht uns, wir sollen die Werke heiligen. Heilig sind aber nur die Werke, die um ihrer selbst willen geschehen.

Ich behaupte entschieden: „Solange du deine Werke verrichtest um des Himmelreichs, um Gottes oder um deiner Seligkeit willen, also von außen her, so bist du wirklich nicht auf dem richtigen Wege.

Man kann es ja wohl mit dir aushalten, doch das Beste ist es nicht.

Alles Höchste aber kann der Mensch erreichen, wenn er nur will, denn der Wille ist allmächtig: dich kann niemand hindern als du dich selber."

Meister Eckhart, Predigten und Traktate

Das höchste Werk

Das höchste Werk,
das Gott je wirkte in allen Kreaturen,
das ist Barmherzigkeit.

Das Heimlichste und Verborgenste,
selbst das, was er in den Engeln wirkte,
das wird emporgetragen in die Barmherzigkeit,
und zwar in das Werk der Barmherzigkeit,
so wie es in sich selbst ist, und wie es in Gott ist.

Was immer Gott wirkt,
der erste Ausbruch ist Barmherzigkeit.
Höher, als dass Gott dem Menschen die Sünde vergibt,
höher, als dass ein Mensch sich über den anderen erbarmt,
ist das Werk der Barmherzigkeit.

Das höchste Werk Gottes ist Barmherzigkeit,
und es bedeutet, dass Gott die Seele versetzt
in das Höchste und Lauterste, das sie empfangen kann:
in die Weite, in das Meer, in ein unergründliches Meer,
dort wirkt Gott Barmherzigkeit.

Meister Eckhart, aus Pr. 8

Aus: Das Buch der Wahrheit

Diese höchste Stufe der Vereinigung ist eine unbeschreibliche
Erfahrung, in der alle Begriffe, Bilder, Formen und Verschieden-
heiten vergangen sind.

Alles Bewusstsein vom Selbst und alle Dinge sind vergangen,
und die Seele ist in den Abgrund der Gottheit untergetaucht,
und die Seele ist eins mit Gott geworden...

In der höchsten Phase wird Gott innere Existenz,
das Leben und Wirken im Inneren, sodass -
was immer ein Mensch auch tun mag - er tut es als Werkzeug
Gottes...

Gleich einem Wesen, das sich selbst in unbeschreiblicher
Berauschung verliert,
hört die Seele auf, sie selbst zu sein, entkleidet das Selbst sich
seiner selbst, geht es ein in Gott und wird ganz und gar eins mit
Ihm, gleich einem Wassertropfen, der mit einem Fass Wein
vermischt wird.

Wie der Wassertropfen seine Identität verliert und den
Geschmack und die Farbe des Weins annimmt, genauso ist es
mit jenen, die im Vollbesitz der Seligkeit sind;
menschliche Wünsche beeinflussen sie nicht länger,
entkleidet dem Selbst sind sie aufgegangen im göttlichen
Willen, vermischt mit dem göttlichen Willen.

Und mit Ihm eins geworden.

Heinrich Seuse, 1295/97 – 1366,
Schüler M. Eckharts

Alle Dinge haben ihre Zeit

Alle Dinge haben ihre Zeit.
Wie einer Zeit haben soll für die lautere Einkehr,
so soll auch der rechten Hinwendung nach außen
die Zeit nicht vorenthalten werden.

Wer allein auf Innerlichkeit setzt,
der kommt aus dem Gleichgewicht,
wenn ihn Gott zu äußerem Tun zieht.
Wer nur am Äußeren hängt,
der ist unbeweglich für die Innerlichkeit.

Ein weiser Mensch soll seine Innerlichkeit
nicht wegwerfen in den äußeren Dingen
noch soll er das Äußere verleugnen gegenüber der Innerlichkeit.
Und so geht er nach außen und nach innen
und findet Ruhe in allen Dingen.

Wem Innerlichkeit im Äußeren zuteil wird,
dem wird Innerlichkeit innerlicher zuteil als dem,
dem Innerlichkeit in Innerlichkeit zuteil wird.

Heinrich Seuse

Der Mensch soll seinen Grund wahrnehmen

Der Mensch soll seinen Grund wahrnehmen
und sich kehren in das Allerinnerste seines Herzens,
das ist, in das Allerinnerste seines Grundes.
Man soll die Bilder fahren lassen
und hindurchdringen in den allerinnersten Menschen.
Der innerste Mensch kennt kein Wirken mehr,
denn das Wirken liegt allein bei Gott.
Er hält sich untätig und lässt Gott wirken.

Johannes Tauler, ca. 1300 – 1361

Gelassenheit

Hätten alle Teufel und alle Menschen sich verschworen,
und würde der Mensch alles erleiden und sich lassen
und diese Finsternis und Bedrängnis aushalten,
wie es ihn auch schmerzen und bedrücken mag,
und würde er keine Ausflüchte suchen, so oder so,
darin nähme er mehr zu und käme weiter
als in all den äußeren Übungen,
die die ganze Welt zusammen tun könnte.
Bleibe nur bei dir selber und laufe nicht nach außen,
und halte dein Leiden aus und suche nicht etwas anderes!
So laufen etliche Menschen, wenn sie in dieser inwendigen
Armut stehen,
um immer etwas anderes zu suchen
und dadurch der Bedrängnis entgehen.
Das ist gar schädlich. Oder sie gehen, um zu klagen,
oder um die Lehrmeister zu fragen
und geraten noch mehr in die Irre.
Da kommen einige und reden von so großen, geistigen,
überwesentlichen, überformlichen Dingen,
gerade als wären sie über die Himmel geflogen.
Und dabei kamen sie noch nie einen Schritt aus sich selber
durch die Erkenntnis eines Nichts.
Sie mögen wohl zu vernünftiger Wahrheit gelangt sein;
Aber zur lebendigen Wahrheit, wo Wahrheit Wahrheit ist,
dazu gelangt niemand, als auf diesem Weg des eigenen Nichts.

Johannes Tauler

Suche nichts als ein reines, einfaches Entsinken

Suche nichts als ein reines, einfaches Entsinken
in das reine, einfache, unbekannte, namenlose,
verborgene Gut, das Gott ist, und in alles,
was sich in ihm enthüllen mag.
Alles soll sich an sein Nichts halten;
Nichts wissen, nichts erkennen, nichts wollen,
nichts suchen, nichts haben wollen.
Suche weder Empfindung noch Erleuchtung!
Entsinke in dein Nicht-Wissen und Nicht-wissen-wollen!
Die tiefe, die in Gott ist, ist ein solcher Abgrund,
dass aller geschaffene Verstand sie nicht zu erreichen
noch zu ergründen vermag.
Dieser Tiefe solle der Mensch begegnen mit der eigenen Tiefe:
Das ist dem grundlosen Abgrund einer unergründlichen Selbst-
vernichtung.
Das heißt: Könnte er ganz zu einem lauteren Nichts werden,
das hielte er für recht und billig. Das kommt aus der Tiefe
und der Erkenntnis eines Nichts.

Johannes Tauler

Der wahre Frieden

Wahrlich, wir sind und wollen und wollten stets etwas sein,
immer einer über dem anderen.
Darum aller Streit und alle Mühe: Dass man etwas ist,
dass man groß, reich, hoch und mächtig ist.
Ein jeder will stets etwas sein und scheinen.

Aller Jammer kommt alleine davon,
dass wir etwas sein wollen.
Das Nicht-Sein,
das hätte in allen Lebensweisen,
an allen Orten, an allen Leuten
völligen, wahren,
wesentlichen, ewigen Frieden,
und es wäre das Seligste,
das Sicherste und das Edelste,
das diese Welt hat.
Aber niemand will daran,
weder reich noch arm,
weder jung noch alt.

Johannes Tauler

Der Mensch lasse die Bilder der Dinge

Der Mensch lasse die Bilder der Dinge
ganz und gar fahren
und mache und halte seinen Tempel leer.
Denn wäre der Tempel entleert,
und wären die Fantasien,
die den Tempel besetzt halten, draußen,
so könntest du ein Gotteshaus werden,
und nicht eher, was du auch tust.
Und so hättest du den Frieden deines Herzens und Freude,
und dich störte nichts mehr von dem,
was dich jetzt ständig stört,
dich bedrückt und dich leiden lässt.

Johannes Tauler

Wenn der Mensch in der Übung der inneren Einkehr steht

Wenn der Mensch in der Übung der inneren Einkehr steht,
hat das menschliche Ich für sich selbst nichts.
Das Ich hätte gerne etwas,
und es wüsste gerne etwas,
und es wollte gerne etwas.

Bis dieses dreifache „etwas" in ihm stirbt,
kommt es dem Menschen gar sauer an.
Das geht nicht an einem Tag
und auch nicht in kurzer Zeit.
Man muss dabei aushalten,
dann wird es zuletzt leicht und lustvoll.

Johannes Tauler

Die Luft, in der wir leben

Die Luft, in der wir leben, ist uns nahe;
Die Luft ist in uns, und wir sind in der Luft;
Gott ist uns unendlich näher,
wir leben und schweben in Gott;
wir essen, trinken und arbeiten in Gott;
wir denken in Gott;
und wer Sünde tut,
- erschrick' nicht, dass ich so rede -
der sündigt in Gott ...
Gott ist uns viel inniger als das Allerinnigste in uns;
da wartet er auf uns;
da will er sich uns mitteilen
und uns also selig machen.

Gerhard Teerstegen, 1697 – 1769

Stufen des Weges

Je mehr die Seele leer und von allen Bildern entblößt ist, umso mehr kann dieses Bild in sie eintreten, welches ihr bei der Schöpfung gegeben wurde. ... es wird dazu eine stille und ruhige Seele erfordert; gleichwie ein ungestümes, trübes Wasser das eigentliche Bild der Sonne nicht in sich aufnehmen kann, sondern nur ein klares und stilles Wasser. Man kann aber das Wasser nicht mit Gewalt klar machen; man würde es dadurch noch mehr trüben; man muss es lassen ruhen, stille werden und sich setzen. Wenn man auch nur den kleinsten Stein in ein stilles Wasser wirft, so wird auch eine kleine eigene Wirksamkeit diesen friedsamen Grund trübe machen.. wenn aber nichts mehr ist, das diese Sonne verhindert, sich in uns abzubilden, dann dürfen wir nichts mehr fürchten.

Wir alle sind zum Inneren Gebet berufen... Das Gebet ist nichts anderes als die Hinwendung des Herzens zu Gott, die innere Übung der Liebe.

Es ist kein bloß gedankliches Gebet... kein Beten mit dem Kopf, es ist ein Beten mit dem Herzen, denn das Denken des Menschen ist so begrenzt, dass er, wenn er an das eine denkt, nicht an etwas anderes denken kann... Das Gebet des Herzens aber wird von all den Tätigkeiten des Verstandes nicht unterbrochen... das Viellesen ist mehr die Sache der Schulweisheit und nicht der Mystik... es geht vielmehr darum den Geist ruhigzustellen, als ihn zum Nachdenken anzuregen.

Wenn man sich so in sich selbst versenkt hat und von der Gegenwart Gottes in diesem Grund lebendig durchdrungen ist, wenn alle Sinne gesammelt und aus dem Umkreis ins Zentrum zurückgeführt sind was anfangs ein wenig Mühe macht, aber später ganz leicht ist.. dann muss man sie in Stille und Frieden ruhen lassen... Es braucht eine Ruhezeit der Liebe voll Ehrfurcht und Vertrauen...

STUFE 1

Aber... die unmittelbare und vorrangige Übung muss das Wahrnehmen der Gegenwart Gottes sein. Was man auch noch aufs Genaueste beachten sollte das ist, seine Sinne zurückzurufen, wenn sie sich zerstreuen.

Ich gebe zu, dass es am Anfang schwierig ist, sich zu sammeln, denn die Seele neigt dazu, sich ganz nach außen zu richten. Wenn sie sich aber überwindet und umgewöhnt, wird ihr die Sammlung leichtfallen, weil sie ihr vertraut geworden ist...

Ein einziges Vater Unser ist ausreichend, wenn man nach dem Wort Vater einige Augenblicke in großer Ehrfurcht schweigend verharrt in der Erwartung, dass dieser himmlische Vater ihnen seinen Willen zu erkennen gibt... danach fahre man mit der zweiten Bitte fort: „Dein Wille geschehe, wie im Himmel so auf Erden"... wenn sie dann sehen, dass sein Wille Liebe ist, werden sie danach verlangen... und so gehe man fort...

Aber man darf sich kein Bild des Vaters, wohl aber eines von Jesus machen... man kann ihn als Arzt ansehen und ihm seine Wunden zeigen, damit er sie heile, aber immer ohne Anstrengung und mit ein wenig Schweigen von Zeit zu Zeit, damit sich das Schweigen mit dem Tun vermischt.

STUFE 2

Wenn die Gegenwart Gottes gegeben ist und die Seele beginnt, mehr und mehr das Schweigen und die Ruhe zu verkosten, so leitet dieses fühlbare Erfahren der Gegenwart Gottes zur zweiten Stufe des inneren Gebetes. Die zweite Stufe ist die Kontemplation, das Gebet des Glaubens und der Ruhe oder Einfachheit.

Die Seele spürt nach einiger Übung eine Leichtigkeit dabei, sich Gott zuzuwenden. Sie beginnt sich müheloser zu sammeln und verweile in ehrfürchtigem Schweigen und bleibe in dem was ihr geschenkt wird, solange es andauert. Wenn es weggeht, dann rege sie den Willen durch eine zarte Liebeshinwendung an... man muss das Feuer sanft anfachen und sobald es zu brennen anfängt, mit dem Blasen aufhören, denn wer weiterblasen wollte würde es auslöschen... es darf kein Eigeninteresse dabei sein, also nicht um etwas von Gott zu bekommen... man verweile darin nicht um Gott zu genießen, sondern um darin so zu sein, wie er es will... das wird bewirken, dass ihr die Trockenheiten ebenso annehmen werdet wie die Zeiten der Fülle... ihr müsst mit liebevoller Geduld, demütiger Achtsamkeit und ruhiger liebevoller Hinwendung und ehrfürchtigem Schweigen warten...

Auf dieser Stufe muss das Sich-Loslassen und die Übergabe der ganzen Person an Gott beginnen... es geschieht durch die feste Überzeugung, dass alles, was uns von Augenblick zu Augenblick begegnet, Gottes Geheiß und Wille ist und gerade das, was uns nottut... sie lässt uns alles was auf uns zukommt in Gott anschauen und nicht vom Geschöpf her... Das Sich-Überlassen ist das Wichtigste auf dem ganzen Weg. Es ist der Schlüssel zum Inneren. ... dabei bleibe man fest, ohne auf Einreden des Verstandes oder Vernünfteleien zu achten... dabei entledigen wir uns von aller Sorge um uns.

Man begebe sich ganz in den Gleichmut gegenüber allen Dingen... die Vergangenheit vergessen, die Zukunft der Vorsehung überlassen und in die Gegenwart Gottes übergehen...

Seid mit allem zufrieden, was Gott euch an Leiden auferlegt... wer Gott liebt liebt alles, was von ihm kommt.

Der Weg der Sammlung wird erreicht, in dem sich die Seele ganz in ihr Inneres hinein wendet... sie wird dann von den Sinnen abgeschieden sein. So entzieht sie den Sinnen ihre Kraft. Je mehr sie vorankommt und sich Gott nähert, desto mehr wird sie von sich selbst abgeschieden sein... das geschieht ohne eigens an die Abtötung der Sinne zu denken...

Je mehr sie sich Gott nähert, desto mehr entfernt sie sich von dem Geschaffenen und reinigt sich so. Die Seele erfährt wie sie nach und nach von der Ruhe ergriffen wird. Das Stillschweigen macht ihr ganzes Gebet aus... sie wird erkennen, dass es ein dichtes, volles, durch Überfülle begründetes Schweigen ist... Darum ist es hier so von Wichtigkeit, so lange im Schweigen zu verbleiben, als man vermag.

Man muss am Anfang des Inneren Gebetes die Lippen der liebenden Zuneigung bewegen. Wenn aber die Milch der Gnade fließt, hat man nichts anderes zu tun als in der Ruhe zu bleiben und sie behutsam aufzunehmen, und wenn die Milch zu fließen aufhört, die Lippen der liebenden Zuneigung ein wenig bewegen, wie es das Kind mit den Lippen an der Mutterbrust tut.

Das äußere Schweigen ist eine Notwendigkeit, um das innere Schweigen zu pflegen. Es ist unmöglich, innerlich zu werden, ohne die Stille und die Zurückgezogenheit zu lieben... es ist unmöglich, innerlich von Gott und äußerlich von tausend Kleinigkeiten ausgefüllt zu sein.

Wenn Schwäche euch dazu gebracht hat, sich in das Äußere zu zerstreuen, bedarf es einer kleinen Rückwendung in das Innere; ihm müsst ihr euch jedes Mal in Treue zuwenden, wenn ihr abgelenkt oder zerstreut wurdet... es wäre zu wenig, innerlich zu beten und sich eine halbe Stunde oder eine Stunde lang zu sammeln, wenn man nicht den ganzen Tag hindurch... den Geist des Inneren Gebets bewahrte.

Kommen Zerstreuungen oder Versuchungen, darf man sie nicht direkt bekämpfen (das würde sie nur vermehren und die Seele aus ihrer Gottzugehörigkeit reißen...). Vielmehr soll man einfach den Blick nach innen wenden... so wie ein kleines Kind, wenn es ein Ungeheuer erblickt, sich nicht damit aufhält, dagegen zu kämpfen, ja nicht einmal es anzuschauen, sondern sich nur noch inniger in den Schoß der Mutter schmiegt und da befindet es sich in Sicherheit.

Sobald man eine geringe Sammlung wahrnimmt, höre man auf

und verbleibe in der Stille; man lese wenig und fahre fort, sobald man sich zum Inneren hingezogen fühlt.

Die Seele soll sich nicht mit lautem Beten belasten, sobald sie zum inneren Schweigen gerufen wird, sondern nur wenig sprechen...

Wir müssen aufhören zu sein, damit der Geist des göttlichen Wortes in uns leben kann... wir müssen in uns selber absterben, damit er in uns lebe... wir können dem göttlichen Alles nur dadurch Ehre zuteil werden lassen, dass wir zunichte werden...

Sobald die Seele auf die Mitte bezogen, das heißt in das Innere ihrer selbst eingekehrt ist, ist sie... in einer Bewegung auf ihre Mitte hin, die sie an sich zieht... Nichts kommt der Anziehungskraft zur Mitte hin gleich. ... Dieser Geist ist niemand anderes als Gott, der uns an sich zieht... um tätig zu sein unter der Führung des Geistes Gottes, der uns beseelen soll, denn in ihm leben wir, bewegen wir uns, sind wir... Der Geist Gottes ist eins und vielfältig und seine Einheit hindert seine Vielfalt nicht. Wir treten in seine Einheit ein, wenn wir mit seinem Geist vereint sind, weil wir dadurch ein und denselben Geist mit ihm haben. Wir sind vielfältig nach außen hin in dem, was seinen Willensentschlüssen entspricht, ohne aus der Einheit zu fallen...

Auf diese Weise handelt Gott unaufhörlich, wenn wir uns vom Geist Gottes in Bewegung bringen lassen... Die Seele merkt jetzt, dass sie frei und mit Leichtigkeit handelt und doch mit Kraft und unfehlbar...

Bis zur vollkommenen Umkehr brauche ich eine Reihe von Akten... die einen machen sie auf einmal, andere nach und nach... da aber der Geist des Menschen unbeständig ist, lässt sich die Seele, weil sie daran gewöhnt ist, sich nach außen zu wenden, leicht ablenken und von Gott abbringen. Sobald sie merkt, dass sie sich äußeren Dingen zugewandt hat, muss sie sich durch einen einfachen Akt der Umkehr zu Gott ihm wieder übergeben. Dann bleibt der Akt solange bestehen, wie ihre Umkehr aufgrund der einfachen und aufrichtigen Hinwendung zu Gott andauert... wer in der Liebe bleibt, der bleibt in Gott...

Jeder Zustand hat seinen Anfang, sein Fortschreiten und sein Ende. Wenn man immer am Anfang stehen bleiben will, ist das ein arges Missverständnis. Es gibt keine Kunst, die nicht ihren Fortgang hat. Am Anfang muss man mit Anstrengung arbeiten, aber dann kann man die Frucht seiner Arbeit genießen... Wenn das Schiff im Hafen ist, haben die Schiffsleute Mühe, es aufs offene Meer zu bringen; aber dann steuern sie es leicht in die Richtung, in der sie es haben wollen. So ist es auch, wenn sich die Seele noch in der Sünde und bei den Geschöpfen aufhält. Da bedarf es großer Anstrengungen, sie herauszuziehen... Die Stricke müssen gelöst werden, die sie festgebunden halten; mit Hilfe energischer und kräftiger Akte muss versucht werden, die Seele ins Innere zu ziehen und sie von ihrem eigenen Hafen immer weiter zu entfernen. Dadurch, dass man sie davon entfernt, wendet man das Innere an den Ort, wohin sie reisen möchte.

Wenn das Schiff in dieser Weise umgewandt ist, entfernt es sich immer weiter vom Festland. Und je weiter es sich entfernt, umso weniger Anstrengung ist nötig, es zu lenken. Schließlich fängt man an, ganz sanft zu gleiten... und das Schiff kommt so schnell voran, dass man das Rudern aufgeben muss: es ist unnütz geworden...

Jeder weiß sehr wohl, dass Gott das höchste Gut ist, dass das Wasser der Seligkeit in der Vereinigung mit Gott besteht, dass die Heiligen mehr oder weniger groß sind, je nachdem, ob diese Einheit mehr oder weniger vollkommen ist...

Es geht nicht darum, jemanden dort hineinzuführen, sondern ihm vielmehr den Weg zu zeigen, der dorthin führt, ihn zu beschwören, sich von Herbergen nicht festhalten und binden zu lassen und sich auch nicht an Übungen zu klammern, die man, wenn das Zeichen gegeben wird, verlassen muss... Es ist unmöglich, am Ziel anzukommen, ohne sich immer weiter vom Anfang zu entfernen...

Wie blind sind die meisten Menschen! Sie halten so viel auf ihren Geist und Verstand. Doch du, mein Gott, hast deine Geheimnisse „den Großen und Klugen verborgen, den Kleinen aber offenbart." (Mt 11,25)

Jeanne-Marie Guyon - Kurzer und leichter Weg zum inneren Gebet. Moyen court er très facile de faire oraison (1686)

Meister der Kontemplation, Francisco de Osuna (1492 - 1542)

„Du musst bedenken, dass niemand Meister in einer Kunst wird, wenn er nicht viel übt. Und je mehr er sie übt und sich an sie gewöhnt, umso rascher wird er vorankommen. Du wärest schlecht beraten, wenn du für diese Übung nicht gelten ließest, was du anderen Künsten und Fertigkeiten zugestehst, nämlich zwei Dinge:

Erstens, dass du diese Kunst erlernst, um Meister in ihr zu werden und nicht, um dein Leben lang auf der Stufe des Anfängers zu verbleiben... Sehr unwissend wäre, wer, wenn er sich ein Haus baut, nicht darauf sähe, es so schnell wie möglich zu vollenden, um darin Freude zu haben. Wenn er durch Nachlässigkeit Jahre mit dem Hausbau vergeudet, halten ihn die Leute nicht für nachlässig, sondern für närrisch, da er doch sein Leben in eine Sache investiert, aus der nichts herausspringt als Mühe und Kosten.

Zweitens wirst du die wunschgemäße Ausübung nur erreichen, wenn du ständig übst. ... Wenn du schon nicht durchhalten kannst aus Liebe, so zwinge dich doch mit heiligem Eifer, durch die enge Pforte der Kontemplation zu gehen... Bedenke, dass Gott dich einzig zum Beten geschaffen hat und dass er von dir nichts anderes verlangt, als dass du ihn anbetest im Geist und in der Wahrheit.

Drittens: Ziel der stillen Kontemplation ist die Unio, weil der

Mensch, wenn er sich mit Gott vereint, mit ihm ein Geist wird. Es entsteht eine Wechselseitigkeit des Willens, so dass der Mensch nichts anderes will als das, was Gott will. Sie sind vielmehr in allem eins, wie Dinge, die so vollkommen vereint sind, dass sie sich gewissermaßen aufheben... So geschieht es nämlich in diesem Prozess, in dem anfangs Gott und Mensch Verschiedenes wollen, schließlich aber in solcher Gänze übereinstimmen, dass nicht die geringste Unzufriedenheit mehr bleibt. Aus dieser Unio geht wiederum hervor, dass der Mensch auch (in) sich selbst und (mit) seinem Nächsten geeint wird. So dass..., die Menge der Gläubigen nur noch ein Herz und eine Seele im Heiligen Geist wäre...

Viertens: Diese Übung heißt Versenkung, weil sie Dunkelheit und Tiefe enthält. Denn sie gründet in der Tiefe und Innerlichkeit des menschlichen Herzens, das dunkel sein muss. Das heißt, erst wenn es allen menschlichen Wissens beraubt und folglich ganz im Finstern ist, wird der Geist Gottes über seine Wasser kommen und sprechen: Es werde Licht!

Fünftens: Die erste Art des Betens ist die mündliche... Das segensreichste unter diesen Gebeten ist das Vaterunser. Das Wichtigste an diesem Gebete ist, dass wir es voll großen Vertrauens und ohne zu zweifeln beten... Die erste Gebetsweise ist wie ein Sendschreiben an einen Freund... Die erste Art küsst die Füße.

Die zweite Art des Betens geschieht im Inneren unseres Herzens, ohne dass die Lippen Worte formen. Nur das Herz spricht... mit dem Herrn allein und wie im Verborgenen... Diese Gebetsart ist wirksamer als die erste... Gott richtet nämlich seine Augen zuerst auf das Herz nicht auf die Zunge... Darum musst du wissen, dass im ersten Jahr sich kaum Andacht bei der Betrachtung einstellt. Später aber schenkt der Herr sie so reichlich, dass sie fast den ganzen Tag ununterbrochen unser Herz erfüllt.
Die zweite ist so als ob wir es jemanden schickten, der uns eng verbunden ist... Die zweite Art küsst die Hände.

Die dritte Art des Betens nennt man kontemplatives oder inneres Gebet, bei dem sich unser höchster Seelenteil in der reinsten und liebevollsten Weise zu Gott erhebt, getragen von den Flügeln des Wunsches und des in Liebe erstarkten Gefühls. Je größer die Liebe ist, umso weniger Worte bedarf sie... dass die wahren Beter den Vater im Geist und in der Wahrheit anbeten..., denn Gott ist Geist, und die ihn anbeten, sollen ihn in Geist und in Wahrheit anbeten... so wird unser Gebet umso angemessener sein, je weiter es sich von bildlicher Vorstellung und auch den Gedanken des Herzens entfernt. Können doch diese sich niemals so hoch erheben, dass sie nicht tief unter der Wirklichkeit des Herrn zurückbleiben... Damit verzichten sie auf ihre Freiheit und ihren Willen, und durch ihr Sich-Gott-Anpassen und -Hingeben vergessen sie sich selbst, als seien sie gar nicht.

Die dritte Gebetsweise ist so als überbrächten wir es persönlich... Die dritte Art küsst den Mund.

Sechstens: In einem guten Haus lebt der Mensch gern und noch vielmehr in einem guten Gewissen... Der Dialog mit einem guten Gewissen ist ohne Bitterkeit, denn es wirft dem Menschen nichts vor... der Kontemplative darf sein Denken nicht mit Sorgen belasten, die Ereignisse des täglichen Lebens nicht überbewerten und sich von ihnen nicht in Schrecken versetzen lassen. Er soll ganz im Augenblick leben und die Sorgen von morgen nicht ins Heute übertragen. Schon Seneca sagte: Lass dich nicht vorzeitig elend machen, und gehe deinem Unglück nicht entgegen, indem du es dir ausmalst, ehe es da ist. Besser du sagst dir, dass es vielleicht gar nicht eintrifft. Lass dich nicht auf Vermutungen ein, sieh keine Gespenster! Kehre dich ab von Geschäften, die du vermeiden kannst. Suche nicht deine Sache, sondern die Jesu Christi.

Siebtens: Wir müssen den spekulativen Verstand, sein diskursives Denken, das in neugierigem Hin- und Herwenden und Untersuchen das Geheimnis der Dinge erkunden möchte, zum Schweigen bringen. Denn wie Gregor der Große sagte: Was auch immer wir in der Kontemplation sehen, ist nicht Gott. Etwas

Richtiges von ihm erkennen wir dagegen, wenn wir uns voll bewusst sind, dass wir nichts von ihm erkennen können... Durch diese Art, den Verstand in Schweigen zu versetzen und die Liebe rufen zu lassen, wird das Gebet kurz und durchdringt im Nu den Himmel... Im Himmel hat der Glaube, der dem Verstande zugehört, keinen Platz. Wir brauchen ihn nur solange wir keinen unmittelbaren Zugang haben... Gottsein lässt sich nicht definieren. Wahrer ist der Verzicht, ... indem wir sagen, was er nicht sei, statt zu sagen, was er sei. ... Ein wunderbares und lobenswertes Schweigen ist das der Liebe, in der unser Verstand ganz still wird, da er eine Erfahrung macht, die ihn zutiefst erfüllt. Wir wissen ja, dass im liebenden Zusammensein beide Partner schweigen, und die Liebe ersetzt den Vereinten, was an Worten fehlt. Alle Ängste eines Kindes sind vorbei, wenn die Mutter es in die Arme nimmt: es denkt nicht mehr ans Sprechen, und auch die Mutter schweigt in der Liebe...

Achtens: Die zwei Arten des Schweigens
Die erste Art des Schweigens:
Wir versenken uns gegenüber den zeitlichen Dingen in Schlaf, wie Gregor der Große sagt, und schweigen innerlich... Im ersten Schweigen verstummen die Dinge für uns.

Die zweite Art des Schweigens:
Sie gleicht jener geistlichen Muße, mit der sich Maria zu Füßen des Herrn setzte und sagte: „Ich will hören, was mein Gott und Herr in mir spricht." Im zweiten Schweigen verstummen wir selbst in tiefer Ruhe und öffnen uns Gott in demütiger, aufrichtiger Hingabe... Es ist ein ruhevolles Schweigen, in das kein Laut dringt, und das durch nichts beunruhigt wird. Wenn ein Gedanke aus dem Herzen aufsteigen will, wird er in wunderbarer Weise abgewiesen, ehe der Mensch richtig Notiz von ihm genommen hat, gerade als sagten wir jemandem in der Ferne, er möge nicht näherkommen.

Die Kontemplativen sehen die Vollkommenheit nicht darin, dass man nichts denkt, denn dann wären die Schlafenden - sofern sie nicht träumen - und die Ohnmächtigen vollkommen... versteh also, dass man solches nur Anfängern rät, damit sie lernen, sich von ihren Zerstreuungen zu entfernen... Wir ziehen uns in unser Herz zurück, wo wir gesammelt ihn anwesend fühlen und lieben können... Wie Bonneval sagt: Wir schmecken und fühlen und riechen es in seinem Nah-Sein. Willst du es aber greifen, weicht es zurück. Es ist wie ein Strahl, der durch die Wolke bricht und mit plötzlichem Aufleuchten nicht sehend macht, sondern blendet: so wirst du mehrmals berührt, ich weiß nicht wie... (und) es schenkt dir unmittelbares Erkennen...

Neuntens: Die drei Arten geistlicher Traurigkeit
Neben der Traurigkeit, die alle Beter empfinden, wenn sie lustlos beten, gibt es noch eine andere, die nur den eigentlich Kontemplativen bekannt ist. Die Traurigkeit über ein lustloses und düsteres Gebet ist anstrengend und quälend. Gleicht sie doch dem vergeblichen Schürfen nach Gold. Im kontemplativem Leben gibt es drei Arten geistlicher Traurigkeit.

Die erste kommt den Anfängern zu und wird verursacht durch eine Kränkung Gottes...
Die zweite, die der Fortgeschrittenen, beruht auf der ausbleibenden Erfahrung der Gegenwart Gottes.
Die dritte ist die der fast Vollendeten. Sie ist größer als die erstgenannte, sie überfällt den Menschen wie ein tiefes Leid und lässt düstere Orte bevorzugen. Diese Traurigkeit des kontemplativen Weges jedoch ist eine ruhige und qualfreie Melancholie, die eine gewisse Passivität mit sich bringt und die Einsamkeit liebt...

Empfinde sie aber als gut... sie gehört zu diesem Weg. Gib ihr dann dein Herz und nimm sie gern und bedingungslos an. Versuche weder, sie festzuhalten noch sie zu entfernen, sondern lass ihr den Lauf... Also lass sie in dir arbeiten und störe nicht ihr Werk... Das Herz des Weisen wird bei der Traurigkeit sein... Diese Traurigkeit können wir weder suchen noch finden, sie kommt von allein...

Zehntens: Wie man es mit dem Schlaf halten soll

// Gewiss ist es für den Schlaf nötig, dass der Mensch sich sammle, um den Geist zur Ruhe zu bringen.

// Es ist ihm jedoch anheim gestellt, ob er das für den Schlaf oder das (Ruhe-)Gebet tut...

// Die auf dem Wege der Kontemplation Fortgeschrittenen vertreiben schon einfach durch die tiefe innere Sammlung den Schlaf, und sie brauchen auch davon nur wenig. Während ein Neuling sechs Stunden Schlaf haben muss, kommt ein Fortgeschrittener mit fünf aus.

// Die im inneren Gebet Vollkommenen jedoch pflegen kaum noch zu schlafen, denn sie spüren etwas, was sie von innen her wach hält, wenn sie sich zu schlafen bemühen.

// Sie schlafen zwischen Abend und Morgen keine drei Stunden, wobei auch noch das leiseste Geräusch sie weckt.

// Und dieses Schlafen ist wie ein Schlaf in kleinen Schlucken, denn sie können ihren Schlaf nicht auf einmal nehmen.

// Doch der Herr ersetzt ihnen durch Freude, was ihnen an Schlaf fehlt...

// Ich habe sehr viele kontemplative Männer gekannt, die verbrachten ganze Jahre mit weniger als drei Stunden Schlaf zwischen Nacht und Tag.

// Ich kannte einen, der seinem besten Freunde im Vertrauen sagte, er habe in sieben Jahren nicht so viel geschlafen, wie man normalerweise in vier Monaten schläft...

// Selig, die vor dem Einschlafen beten und auch beim Erwachen gleich damit fortfahren, und die den größten Teil der Zeit, den andere verschlafen, im Gebet verbringen.

Elftens: Demut und Lehrer

Die Demut gleicht der Kontemplation... Ist doch das Ziel der Demut, den Menschen von sich selbst frei zu machen. Nichts anderes tut die kontemplative Versenkung, sie treibt die Icherfülltheit aus, damit Gott Raum habe in unserem Herzen.

Die Demut ist Basis und Unterbau des ganzen Gebäudes, auf sie muss sich alle geistliche Übung stützen. Nur aus ihrer Wurzel können dem Baum Früchte erwachsen. Sie ist das Tor zum religiösen Leben... Das heißt für jeden, der ein gottgefälliges Leben führen möchte, dass er für seine Person bescheiden sei und nicht wunder was erwarte, denn immer war Demut Voraussetzung der Heiligkeit.

Der heiligste Mensch hat die Demut am nötigsten, denn je höher ein Baum wächst oder je mächtiger ein Haus ist, umso tiefer müssen die Wurzeln oder die Baugrube sein. Genau betrachtet, kannst du erkennen, dass die Heiligsten die Demütigsten waren.

Der Heilige liebt es seine Fehler zu hören, selbst wenn man mit dem Finger auf ihn weist und ihm seine Fehler ins Gesicht sagt. Denn er ist froh, seine Fehler zu erkennen, und bittet, dass man sie ihm zeige, damit er sie korrigieren könne.

Gott ist gegenwärtig

Auszug: Strophen 5-8 des selbigen Liedes

5. Luft, die alles füllet, drin wir immer schweben, aller Dingen Grund und Leben, Meer ohn Grund und Ende, Wunder aller Wunder, ich senk mich in dich hinunter. Ich in dir, du in mir! Lass mich ganz verschwinden, dich nur sehn und finden.

6. Du durchdringest alles; lass dein schönes Lichte, Herr, berühren mein Gesichte. Wie die zarten Blumen willig sich entfalten und der Sonne stille halten, lass mich still und froh deine Strahlen fassen und dich wirken lassen.

7. Mach mich einfältig, innig, abgeschieden, sanft und still in deinem Frieden; mach mich reines Herzens, dass ich deine Klarheit schauen mag in Geist und Wahrheit; lass mein Herz überwärts wie ein Adler schweben und in dir leben.

8. Herr, komm in mir wohnen, lass mein Geist auf Erden dir ein Heiligtum werden; komm du nahes Wesen, dich in mir verkläre, dass ich dich stets lieb und ehre. Wo ich geh, sitz und steh, lass mich dich erblicken und vor dir mich bücken.

Gerhard Teerstegen, 1697 – 1769

Aus <Cherubinischer Wandersmann>

Gott wohnt in einem Licht, zu dem die Bahn gebricht.
Wer es nicht selber wird, der sieht ihn ewig nicht.

Wenn ich in Gott vergeh, so komm' ich wieder hin,
wo ich in Ewigkeit vor mir gewesen bin.

Du reisest, vielerlei zu sehn und auszuspähn:
Hast du nicht Gott erblickt, so hast du nichts gesehn.

O Wesen, dem nichts gleicht! Gott ist ganz außer mir
und inner mir auch ganz, ganz dort und auch ganz hier.

Die Gottheit ist ein Brunn, aus ihr kommt alles her
und läuft auch wieder hin; drum ist sie auch ein Meer.

Die Ros' ist ohn' Warum, sie blühet, weil sie blüht.
Sie acht' nicht ihrer selbst, fragt nicht, ob man sie sieht.

Mensch, werde wesentlich! Denn wenn die Welt vergeht,
so fällt der Zufall weg, das Wesen, das besteht.

Das edelste Gebet ist, wenn der Beter sich
in das, vor dem er kniet, verwandelt inniglich.

Zeit ist wie Ewigkeit und Ewigkeit wie Zeit,
so du nur selber nicht machst einen Unterschied.

Halt an, wo läufst du hin? Der Himmel ist in dir.
Suchst du Gott anderswo, du fehlst ihn für und für.

Gott ist ein lauter Nichts, ihn rührt kein Nun und Hier,
je mehr du nach ihm greifst, je mehr entwind er dir.

Wenn du vergottet bist, so isst und trinkst du Gott.
Und dies ist ewig wahr in jedem Bissen Brot.

Die Schrift ist Schrift, sonst nichts! Mein Trost ist Wesenheit
und dass Gott in mir spricht das Wort der Ewigkeit.

Das überlichte Licht schaut man in diesem Leben
nicht besser, als wenn man ins Dunkle sich begeben.

Der Punkt der Seligkeit besteht in dem allein,
dass man muss wesentlich aus Gott geboren sein.

Wie töricht tut der Mann, der aus der Pfütze trinkt
und die Fontäne lässt, die ihm im Haus entspringt.

Wer hätte das vermeint! Aus Finsternis kommt Licht,
das Leben aus dem Tod, das Etwas aus dem Nicht.

Das edelste Gebet ist, wenn der Beter sich
in das, vor dem er kniet, verwandelt inniglich.

Das liebste Werk, das Gott so inniglich liegt an,
ist, dass er seinen Sohn in dir gebären kann.

O Gott, all Ding' sind nichts, und wär's das ew'ge Leben;
gibst du mir nicht dich selbst, dann hast du nichts gegeben.

Ich selbst bin Ewigkeit, wenn ich die Zeit verlasse
und mich in Gott und Gott in mich zusammenfasse,

Zeit ist wie Ewigkeit und Ewigkeit wie Zeit,
so du nur selber nicht machst einen Unterscheid.

Ach, zweifele doch nicht! Sei nur aus Gott geborn,
so bist du ewiglich zum Leben auserkorn.

Freund, so du etwas bist, so bleib doch ja nicht stehn;
man muss aus einem Licht fort in das andre gehn.

Das Tröpflein wird das Meer, wenn es ins Meer gekommen,
die Seele Gott, wenn sie in Gott ist aufgenommen.

Halt an, wo läufst du hin? Der Himmel ist in dir.
Suchst du Gott anderswo, du fehlst ihn für und für.

Gott ist ein lauter Nichts, ihn rührt kein Nun und Hier,
je mehr du nach ihm greifst, je mehr entwind er dir.

Wenn du vergottet bist, so isst und trinkst du Gott.
Und dies ist ewig wahr in jedem Bissen Brot.

Gott ist mein Geist, mein Blut, mein Fleisch und mein Gebein;
wie soll ich dann mit ihm nicht ganz durchgottet sein?

Angelus Silesius, 1624 – 1677

Der Weg nach Hause

Ich trat ein und wusst' nicht wo,
und ich blieb auch ohne Wissen,
alle Wissen übersteigend.

Wo ich eintrat, wusst' ich nicht.
Doch als ich mich dort gewahrte,
ohne Kenntnis meiner Bleibe,
hörte ich von großen Dingen.
Was ich hörte, sag' ich nicht.
Blieb ich doch ganz ohne Wissen,
alles Wissen übersteigend.

Frieden war's mit Gott und Welt,
wovon ich zutiefst erfuhr,
ganz allein in meinem Herzen.
Klar ward mir der rechte Weg.
Alles war so voll Geheimnis,
dass ich nur noch stammeln konnte,
alles Wissen übersteigend.

Trunken war ich, wie von Sinnen,
hingerissen, außer mir.
Blieb dabei doch mein Empfinden
jeglicher Empfindung bar,
und der Geist sah sich beschenket
mit Versteh'n, das nicht verstand,
alles Wissen übersteigend.

Jeder, der dorthin gelangt,
wird ganz irre an sich selbst.
Alles, was er vorher wusste,
scheint ihm jetzt verschwindend klein.
Und sein Wissen wächst so sehr,
dass er ohne Wissen bleibt,
alles Wissen übersteigend.

Doch je höher man dort steigt,
desto weniger versteht man,
dass die dunkle Wolke kommt,
um die Nacht uns zu erhellen.
Wer sie kennt, die dunkle Wolke,
der bleibt immer ohne Wissen,
alles Wissen übersteigend.

Dieses Wissen, das nicht weiß,
ist von großer Mächtigkeit,
und die Weisen können nie,
denkend sich's zu eigen machen.
All ihr Wissen reicht nicht hin,
nicht verstehend zu verstehen,
alles Wissen übersteigend.

Jenes allerhöchste Wissen
ist so überhoch erhaben,
dass kein Können und kein Wissen
jemals es begreifen kann;
nur wer selber sich besiegte,
durch ein Wissen, das nicht weiß,
wird's für immer übersteigen.

Doch wer hören will, der höre:
Dieses allerhöchste Wissen
ist Empfinden, hoch erhaben,
Gottes eig'ner Wesenheit;
diese wirkt in ihrer Güte
und lässt nicht verstehend bleiben,
alles Wissen übersteigend.

Johannes vom Kreuz, 1542 – 1591

Mit dem Einswerden

Mit dem Einswerden wäre es so,
wie wenn zwei Wachskerzen
so nahe zusammengebracht würden,
dass es ein einziges Licht wäre,
oder wie wenn der Docht,
das Licht und das Wachs
zu einem verschmolzen wären.
Nachher aber kann man die eine Kerze
wieder leicht von der anderen lösen,
und es sind wieder zwei Kerzen,
und so auch mit dem Docht und dem Wachs.

Hier ist es aber,
wie wenn Wasser vom Himmel
in einen Fluss oder eine Quelle fällt,
wo alles zu einem Wasser wird,
so dass man es nicht wieder aufteilen
oder voneinander trennen kann,
was nun Flusswasser ist oder vom Himmerl fiel,
oder wie wenn ein kleines Rinnsal ins Meer fließt:
Da gibt es keine Möglichkeit mehr, um sie zu trennen.

Oder wie wenn ein Raum zwei Fenster hätte,
durch die ein starkes Licht einfällt,
wird doch alles zu einem Licht.

Teresa von Avila, 1515 – 1582

Herr der Töpfe und Pfannen

Herr der Töpfe und Pfannen,
ich habe keine Zeit, eine Heilige zu sein,
und Dir zum Wohlgefallen in der Nacht zu wachen.
Auch kann ich nicht meditieren in der Morgendämmerung
und im stürmischen Horizont.

Mach' mich zu einer Heiligen,
indem ich Mahlzeiten zubereite und Teller wasche.
Nimm meine rauen Hände,
weil sie für Dich rau geworden sind.

Kannst Du meine Spüllappen
als einen Geigenbogen gelten lassen,
der himmlische Harmonie hervorbringt auf einer Pfanne?
Sie ist so schwer zu reinigen und, ach, so abscheulich.
Hörst Du, lieber Herr, die Musik, die ich meine?

Die Stunde des Gebets ist vorbei,
bis ich mein Geschirr vom Abendessen gespült habe,
und dann bin ich sehr müde.
Wenn mein Herz noch am Morgen bei der Arbeit gesungen hat,
ist es am Abend schon längst vor mir zu Bett gegangen.

Herr der Töpfe und Pfannen, bitte,
darf ich Dir, statt gewonnener Seelen,
die Ermüdung anbieten, die mich ankommt
beim Anblick von Kaffeesatz und angebrannten Kochtöpfen.
Erinnere mich an alles, was ich leicht vergesse,
nicht nur um Treppen zu sparen,
sondern dass mein vollendet gedeckter Tisch
ein Gebet werde.

Obgleich ich Martha-Hände habe,
habe ich doch ein Maria-Gemüt,
und wenn ich die schwarzen Schuhe putze,

versuche ich, Herr, deine Sandalen zu finden.
Wenn ich den Boden putze, denke ich daran,
wie sie auf Erden gewandelt sind.

Herr, der Du das Frühstück am See bereitet hast,
vergib der Welt, die da sagt:
„Was kann denn aus Nazareth Gutes kommen?"

Teresa von Avila zugeschrieben

Wer Ohren hat, der höre!

Drum, wer Ohren hat zu hören, der höre!
Es ist nicht zwei, nicht drei, nicht Tausende,
es ist Eins und Alles,
es ist nicht Körper und Geist geschieden,
dass das eine der Zeit, das andere der Ewigkeit angehöre,
es ist Eins, gehört sich selbst
und ist Zeit und Ewigkeit zugleich
und sichtbar und unsichtbar, bleibend im Wandel,
ein unendliches Leben.

Karoline von Günderode, 1780 – 1806

Stille hinter der Stille

Die Stille ist eine unfassbare Präsenz.
Wir gleichen einer Schale, die diese Stille empfängt,
bis auch die Schale vergeht und nur die Stille bleibt.
Sie war schon immer da!

Willigis Jäger, 1925 – 2020

Sufismus

Der Fluss und seine Wellen

Der Fluss und seine Wellen sind eine Brandung:
Wodurch unterscheiden sich Fluss und Wellen?
Wenn die Welle sich hebt, ist es Wasser,
wenn sie fällt, ist es das Wasser auch.
Sag mir, Herr, wo ist da Unterscheidung?
Da es Welle genannt wird,
darf man es nicht mehr als Wasser betrachten?

Im Innern des höchsten Brahma
sollen die Welten wie Perlen sein:
Betrachte den Rosenkranz
mit den Augen der Weisheit.

Kabir, 1440 – 1518

Das, was du suchst

Das, was du suchst, ist nicht;
und für das, was ist, fehlen die Worte.
Du glaubst nicht, ohne zu sehen;
was nur erzählt wird, ist dir anzunehmen nicht möglich.
Wer unterscheiden kann, weiß durch das Wort,
und der Unwissende steht gaffend daneben.
Einige betrachten das Gestaltlose,
andere meditieren über die Form.
Aber der Weise weiß, dass Brahma jenseits von beiden.
Seine Schönheit ist dem Auge nicht sichtbar,
sein Versmaß fürs Ohr nicht zu hören.
Kabir sagt, der beides fand:
Entsagung und Liebe, steigt niemals hinab zum Tod.

Kabir

Ich will Wasser in die Hölle gießen

Ich will Wasser in die Hölle gießen
und Feuer ans Paradies legen,
damit diese beiden Schleier verschwinden,
und die Menschen Gott nicht aus Furcht vor der Hölle
oder aus Hoffnung aufs Paradies anbeten,
sondern allein um Seiner urewigen Schönheit willen.

Rabi' a al- Adawiyya al-Qaisiyya, 714 – 801

In meiner Seele

In meiner Seele gibt es
einen Tempel,
eine Kirche,
in denen ich knie.
Beten sollte uns an einen Altar
ohne Mauern und Namen bringen.

Gibt es nicht eine Landschaft der Liebe,
in der das einzig Herrschende ein erleuchtetes Nichts ist,
in der Ekstase sich in sich ergießt und sich verliert?

In meiner Seele gibt es
einen Tempel,
einen Schrein,
eine Moschee,
eine Kirche,
die schmelzen,
schmelzen in Gott.

Liebe ist vollkommene Stille,
größtes Entzücken und tiefste Handlung
und das Wort - fast so vollendet wie Sein Name.

Rabi' a al- Adawiyya al-Qaisiyya zugeschrieben

Komm, komm, wo immer du gerade bist

Komm, komm, wo immer du gerade bist!
Wanderer, Andächtiger, Liebhaber des Abschieds.
Es spielt keine Rolle.
Unsere Karawane ist kein Ort der Verzweiflung.
Komm, komm, selbst wenn du dein Gelübde
schon tausendmal gebrochen hast.
Komm, komm trotzdem wieder, komm!

Inschrift auf dem Grab von Dscheladin Rumi

Zwischen Reiz und Reaktion gibt es einen Raum

Zwischen Reiz und Reaktion gibt es einen Raum:
Nur dort kann Begegnung stattfinden.

Zwischen Reiz und Reaktion gibt es einen Raum:
Nur dort findet Heilung und Entwicklung statt.

Zwischen Richtig und Falsch gibt es ein Feld.
Dort begegnen wir uns.

Dscheladin Rumi, 1207 – 1273

Das Herz wie Korn

Das Herz wie Korn und wir sind wie die Mühle -
was weiß der Mühlstein, warum er sich dreht?
Der Leib: der Stein, und Wasser die Gedanken -
Der Stein sagt: „Ja, das Wasser kennt den Lauf!".
Das Wasser aber sagt: „Fragt doch den Müller -
der leitete das Wasser auf das Mühlrad drauf!".

Wisst ihr, was die Mühle erzählt?
„Ich bin das Gleichnis des Derwisches", sagt sie,
„ich empfange Grobes und gebe Feines zurück." ...

O, lass mich nicht-sein!
Denn das Nicht-Sein ruft
mit süßer Melodie der Flöte:
Zu ihm kehren wir zurück!

Dscheladin Rumi

Mein Ort ist da, wo kein Ort ist

Mein Ort ist da, wo kein Ort ist,
mein Zeichen ist ganz ohne Mal,
nicht Körper bin ich noch Seele -
ein Glanz nur von seinem Licht.

Die Zweiheit hab ich verworfen,
ich sah in zwei Welten nur eins:
Ich suche und kenne und rufe
nur ihn, bis das Auge mir bricht.

Er ist der Erste und Letzte,
ist Schale und ist der Kern.
In allem außer „Allah hu"
an Kenntnis es mir gebricht.

Dscheladin Rumi

Stille

Im Innern dieser neuen Liebe, stirb.
Dein Weg beginnt auf der anderen Seite.

Werde der Himmel.
Richte die Axt wider die Gefängniswand.
Entkomme.
Tritt ins Freie, wie jemand, der plötzlich in Farbe geboren wird.

Tue es jetzt.
Du bist von dichten Wolken eingehüllt.
Stehle Dich seitlich hinaus.
Stirb und sei still.
Stille ist das sicherste Zeichen, dass Du gestorben bist.
Dein altes Leben war eine fieberhafte Flucht vor der Stille.

Der sprachlose Vollmond
kommt eben jetzt hervor.

Dscheladin Rumi

Wo ist die Tür

Wo ist die Tür zu Gott?
Im Bellen des Hundes,
im Schlagen eines Hammers,
in einem Regentropfen.
im Angesicht
eins jeden Menschen,
den ich sehe.

Hafis, ca. 1315 od. 1320 – 1390

Die großen Religionen

Die
großen Religionen sind die
Schiffe,

Dichter die
Rettungsboote.

Jeder geistig gesunde Mensch, den ich kenne,
ist über Bord gesprungen.

Das ist gut fürs Geschäft,
nicht wahr,
Hafis?

Hafis

Ich habe so viel gelernt

Ich habe so viel von Gott gelernt,
dass ich mich nicht mehr

Christ, Hindu, Moslem,
Buddhist oder Jude nennen kann.

Die Wahrheit hat so viel von sich selbst
mir mitgeteilt,

dass ich mich nicht mehr
Mann, Frau, Engel
oder auch nur Menschenseele
nennen kann.

Die Liebe hat Hafis
so gänzlich durchdrungen,
dass sie mich zu Asche verwandelt
und befreit hat.

Von jedem Begriff, jeder Vorstellung,
die mein Verstand
jemals kannte.

Hafis

Gott spricht

Gott spricht:
Wenn du dich Mir stetig näherst
und dies mit ganzer Hingabe tust,
bis du eins wirst mit Meiner Liebe,
dann bin Ich das Ohr, mit dem du hörst,
das Auge, mit dem du siehst,
die Hand, mit der du greifst,
der Fuß, mit dem du gehst.

Außerkoranisches Wort des Propheten

Jede Gestalt

Jede Gestalt, die ich sehe,
ist Deine eigene Gestalt, Herr.
Jeder Laut, den ich vernehme,
ist Deine eigene Stimme;
Im Wohlgeruch der Blumen
verspüre ich Deines Geistes Duft;
Aus jedem zu mir gesprochenen Wort
höre ich Deine Stimme, Herr!
Alles, was mich berührt,
ist Berührung von Dir;
Bei allem, was ich koste,
schmecke ich die Süße Deines Geistes.
Allüberall fühle ich Deine Gegenwart, Geliebter.
Aus jedem Wort, das an mein Ohr dringt,
höre ich Deine Botschaft.
Alles, was mich berührt,
erfüllt mich mit der Wonne Deines Kusses;
Wohin ich schweife, treffe ich Dich;
Wohin ich gelange, finde ich Dich;
Wohin ich schaue, erblicke ich Dein strahlendes Bild;
Was immer ich anfasse, ich berühre Deine geliebte Hand.
Was ich auch sehe, ich sehe Dich in seiner Seele;
Wer mir auch etwas gibt, ich nehme es von Dir entgegen.
Wem ich auch gebe, ich biete es Dir in Demut dar, Herr;
Was auch zu mir kommen mag, Du selber bist es ja, der kommt;
An wen ich mich auch wende, ich wende mich an Dich.

Hazrat Inayat Khan, 1882 – 1927

Liebeserklärung

Ich bin der, den ich liebe,
und der, den ich liebe, ist ich.

Al-Halladsch, 857 – 922

Hinduismus

Namasté

Das Göttliche in mir
grüßt das Göttliche in dir:

Ich ehre den Ort in dir,
wo das gesamte Universum weilt.

Ich ehre in dir den Ort
der Liebe, des Lichts, der Wahrheit
und des Friedens.

Ich ehre den Ort
in deinem Inneren, wo,
wenn du an diesem Ort in dir bist
und ich an diesem Ort in mir
es nur einen von uns gibt.

Aus den Veden

Kehre dich nach innen

Kehre dich nach innen,
bis dorthin, wo nichts besteht,
und achte darauf,
dass du nichts einlässt.
Dringe in deine Tiefe ein,
bis dorthin, wo kein Gedanke besteht,
und achte darauf, dass sich keiner erhebt.

Wo nichts ist, ist Fülle,
wo nichts mehr zu sehen ist,
die Schau des Seins,
wo nichts mehr erscheint,
die Erscheinung des wahren Selbst.

Sri Gnanananda, 19./20. Jh.

Würdest du nur ein Zehntel der Zeit, die du den Ablenkungen widmest - wie hinter Frauen her zu sein oder Geld zu verdienen - für die spirituelle Praxis verwenden, dann wärst du in ein paar Jahren erleuchtet!

Ramakrishna

Ich sollte meinen Nächsten lieben

Ich sollte meinen Nächsten lieben,
nicht, weil er mein Nachbar ist -
denn was bedeutet schon Nähe oder Ferne? -
noch weil die Religionen mir sagen, dass er mein Bruder sei -
denn wo ist die Wurzel dieser Bruderschaft? -
sondern weil er ich ist und ich er bin.

Nähe und Ferne betreffen meinen Körper,
das Herz zielt darüber hinaus.

Bruderschaft ist eine Sache des Blutes,
des Vaterlandes, der Religion oder der Menschheit;
wenn sich aber das Eigeninteresse meldet,
was bleibt dann von solcher Bruderschaft?

Nur wenn wir in Gott leben
und Geist, Herz und Leib
in das Abbild seines allumarmenden Einsseins verwandeln,
wird diese tiefe, selbstlose und unbeirrbare Liebe möglich sein.

Sri Aurobindo, 1872 – 1950

Der Höhepunkt aller dieser upanishadischen Entsprechungen ist die Upanishad des atman-brahman, die Entdeckung der Identität, oder vielmehr der Nichtdualität zwischen dieser innersten Mitte meiner selbst, die der Atman ist und der innersten Mitte des Universums, Brahman. Die letzte Intuition ist durch alle Ebenen des Seins, durch alle Bilder, alle Vermittlungen hindurchgegangen. Die Zielscheibe ist getroffen. Der Atman hat sich selbst durch sich selbst gefunden. Wenn er das „Ich", das er auf den verschiedenen Ebenen seines Bewusstseins ausgesprochen hatte... nun im Grund seiner selbst ausspricht, so ist es eins mit dem Ich, das das kosmische Absolute, das Brahman, im Ursprung seiner Selbstmitteilung ausspricht. Aham asmi - ich bin, aham brahma asmai - ich bin Brahmann, verkündet die Brhadaranyaka Uanishad 2,4,10. Das bist du - tat tvam asi - ist die letzte Unterweisung des Guru, wenn die großen Wasser alle Dämme weggeschwemmt haben und wenn der Glanz des einzigen Lichts im Grund des Seins erschienen ist und die Welt in ihrer Totalität erleuchtet hat... Weder durch das Wort noch durch das Denken noch mit dem Auge kann es erfasst werden. Wie anders kann man ihn erfassen, außer wenn man sagt: „Er ist!"

Henri le Saux/Abi Shiktananda, 1910 – 1973

Jüdische Mystik

Achte auf deine Gedanken, denn sie werden Worte.
Achte auf deine Worte, denn sie werden Handlungen.
Achte auf deine Handlungen, denn sie werden deine
Gewohnheiten.
Achte auf deine Gewohnheiten, denn sie werden dein Charakter.

Aus dem Talmud

Der Kabbalistische Baum

Gott sagt: Es gibt nur mich. Alles, was ist, ist Ich. Zwar trete ich aus dem Einssein in die Zersplitterung, in die Vielheit hinein, aber ich bleibe doch immer der, der ich bin. In den vielfältigsten Gestalten und Kräften werde ich mich zeigen. Und doch bin ich der, der ich bin. Und ich bin schon jetzt, der ich sein werde. Ich werde Blitz sein, ich werde Berg sein, Fluss, ich werde Lauf der Gestirne sein, Mineralien, Pflanzen, Tiere und Menschen werde ich sein. Und werde doch immer der Eine sein, das Eine, die Einheit des Vielen. Nichts und niemand wird außerhalb meiner sein, nichts und niemand neben mir, Irrtum wäre es, eine meiner vielen Emanationen als Gottheit anzubeten. Zwar bin ich der Blitz, aber der Blitz ist nicht Ich. Zwar bin ich der heilige Berg, aber der heilige Berg ist nicht Ich. Zwar bin ich der Fluss, das Unwetter, die Jahreszeit, aber sie alle sind nur winzige Atome meines unendlichen Leibes.

Gott will sich selber durch den Menschen erkennen. Er hat den Menschen geschaffen, ist Menschheit geworden, um mit ihr (das heißt auch, mit sich selbst) eine leidenschaftliche Liebesaffäre zu beginnen. Er will werben und umworben werden, durchdringen und durchdrungen werden, getrennt sein und eins werden, Streit und Versöhnung will Er, erkennen und erkannt werden, lieben und geliebt werden. Er will sich hingeben, sich ganz in Liebe verströmen und mit derselben Leidenschaft begehrt werden, wie Er den Menschen begehrt.

Katja Wolff

Transkonfessionelle Mystik

Über die Geduld

Man muss den Dingen die eigene,
ungestörte Entwicklung lassen,
die tief von innen kommt
und durch nichts gedrängt
oder beschleunigt werden kann,
alles ist austragen - und dann gebären...

Reifen wie der Baum,
der seine Säfte nicht drängt
und getrost in den Stürmen des Frühlings steht,
ohne Angst, dass dahinter kein Sommer kommen könnte.

Er kommt doch!

Aber er kommt nur zu den Geduldigen,
die da sind, als ob die Ewigkeit vor ihnen läge,
so sorglos, still und weit...

Man muss Geduld haben
mit dem Ungelösten im Herzen,
und versuchen, die Fragen selber lieb zu haben,
wie verschlossene Stuben, und wie Bücher,
die in einer sehr fremden Sprache geschrieben sind.

Es handelt sich darum, alles zu leben.
Wenn man die Fragen lebt,
lebt man vielleicht allmählich, ohne es zu merken,
eines fremden Tages in die Antworten hinein.

Rainer Maria Rilke, 1875 – 1926

Desiderata

Gehe behutsam Deinen Weg
inmitten des Lärms und der Hast dieser Welt
und vergiss nie, welcher Friede im Schweigen liegen kann.
Lebe, soweit als möglich und ohne Dich selbst aufzugeben,
in guten Beziehungen zu anderen Menschen.

Äußere Deine Wahrheit ruhig und klar und höre anderen zu,
auch den Geistlosen und Unwissenden:
Auch sie haben ihre Geschichte.
Meide laute und aggressive Menschen,
sie bringen nur geistigen Verdruss.

Es ist möglich, dass Du entweder stolz oder verbittert wirst,
wenn Du Dich mit anderen vergleichst,
denn immer wird es bedeutendere
und unbedeutendere Menschen geben als Dich selbst.

Freue Dich des Erreichten genauso wie Deiner Pläne,
doch sei auf jeden Fall bescheiden.
Übe Vorsicht in Deinen Geschäften,
denn die Welt ist voller Betrügereien.
Verschließe Dich jedoch nicht dem Wert der Tugenden:
Viele Menschen streben nach hohen Idealen,
und das Leben ist voll von stillem Heldentum.

Sei Du selbst.
Heuchle vor allem keine Zuneigung
und spotte nicht über die Liebe.
Trage freundlich die Bürde der Jahre
und gib mit Anmut alles auf, was der Jugend zusteht.

Nähre die Kraft Deines Geistes,
um plötzlichem Unglück gegenüber gewachsen zu sein.
Viele Ängste entstehen aus Müdigkeit und Einsamkeit.
Neben einer heilsamen Disziplin sei freundlich zu Dir selbst.

Du bist ein Kind des Universums,
nicht weniger als die Bäume und Sterne.
Du hast ein Recht darauf, hier zu sein.
Und die Kraft des Universums wird sich so entfalten,
wie es sein muss, ob Dir das klar ist oder nicht.

Deshalb lebe in Frieden mit Gott,
was immer Du Dir unter ihm vorstellst.
Und was immer Deine eigenen Bemühungen
und Absichten sein mögen:
Halte Frieden mit Deiner Seele
in diesem lärmigen Durcheinander des Lebens.

Mit all ihrem Schein, ihren Kümmernissen
und zerbrochenen Träumen
ist diese Welt dennoch schön.
Sei vorsichtig.
Strebe danach, glücklich zu sein.

Max Ehrmann, 1872 – 1945

Endlos

So wie der Baum nicht endet an der Spitze seiner Wurzel oder
seiner Zweige,
so wie der Vogel nicht endet an seinen Federn und seinem Flug,
so wie die Erde nicht endet an ihrem höchsten Berg -
so ende auch ich nicht
an meinem Arm, meinem Fuß, meiner Haut,
sondern greife unentwegt nach außen,
hinein in allen Raum und alle Zeit,
mit meiner Stimme und meinem Herz:
Denn meine Seele ist das Universum.

Norman H. Russel, zeitgenössischer Cherokee-Indianer

Das schönste und tiefste Gefühl

Das schönste und tiefste Gefühl, das wir erfahren können, ist die Empfindung des Mystischen. Es ist die Quelle aller wahren Wissenschaft. Wem dieses Gefühl fremd ist, wer nicht mehr staunen und von Ehrfurcht erfüllt sein kann, ist so gut wie tot. Zu wissen, dass das für uns Unergründliche wirklich existiert, sich als höchste Weisheit und strahlendste Schönheit niederschlägt, welche unser dumpfes Vermögen nur in ihren primitivsten Formen begreifen kann, dieses Wissen, dieses Gefühl bildet das Zentrum wirklicher Religiosität.

Der Mensch ist ein Teil des Ganzen, das wir Universum nennen, ein in Raum und Zeit begrenzter Teil. Er erfährt sich selbst, seine Gedanken und Gefühle als abgetrennt von allem anderen - eine Art optische Täuschung des Bewusstseins. Diese Täuschung ist für uns eine Art Gefängnis, das uns auf unsere eigenen Vorlieben und auf die Zuneigung zu wenigen uns Nahestehenden beschränkt. Unser Ziel muss es sein, uns aus diesem Gefängnis zu befreien, indem wir den Horizont unseres Mitgefühls erweitern, bis er alle lebenden Wesen und die gesamte Natur in all ihrer Schönheit umfasst.

Albert Einstein, 1879 – 1955

Die längste Reise ist die Reise nach innen

Ich sitze vor dir, Herr,
aufrecht und entspannt,
mit geradem Rückgrat.
Ich lasse mein Gewicht
senkrecht durch meinen Körper
hinunter sinken auf den Boden,
auf dem ich sitze.

Ich halte meinen Geist
fest in meinem Körper.
Ich widerstehe seinem Drang,
aus dem Fenster zu entweichen,
an jedem anderen Ort zu sein
als an diesem hier,
in der Zeit nach vorn und hinten
auszuweichen,
um der Gegenwart zu entkommen.
Sanft und fest
halte ich meinen Geist dort,
wo mein Körper ist:
hier in diesem Raum.

In diesem gegenwärtigen Augenblick
lasse ich alle meine Pläne,
Sorgen und Ängste los.
Ich lege sie jetzt in deine Hände, Herr.
Ich lockere den Griff,
mit dem ich sie halte,
und lasse sie dir.
Für den Augenblick überlasse ich sie dir.
Ich warte auf dich,
passiv und erwartungsvoll.
Du kommst auf mich zu,
und ich lasse mich von dir tragen.

Ich beginne die Reise nach innen.
Ich reise in mich hinein
zum innersten Kern meines Seins,
wo du wohnst.
An diesem tiefsten Punkt meines Wesens
bist du immer schon vor mir da,
schaffst und stärkst ohne Unterlass
meine ganze Person.

Gott, du bist dynamisch.
Du bist in mir.
Du bist hier.
Du bist jetzt.
Du bist.

Du bist der Grund meines Seins.
Ich lasse los.
Ich sinke und versinke in dir.
Du überflutest mein Wesen.
Du nimmst von mir Besitz.

Ich lasse meinen Atem
zu diesem Gebet der Unterwerfung
unter dich werden.
Mein Atmen, mein Ein- und Ausatmen,
ist Ausdruck meines ganzen Wesens.
Ich tue es für dich,
mit dir, in dir...
Wir atmen miteinander.

Dag Hammarskjöld, 1905 – 1961

LITERATURANGABEN

Garma, C.C. Chang: *Die Praxis des Zen* (Deutsch) Taschenbuch, 1. Januar 1993, Aurum Verlag

Meister Eckehart: *Deutsche Predigten und Traktate* (detebe), 15. Mai 1990

Osuna, Franzisco, de: *ABC des kontemplativen Betens*, broschiert, 1. Januar 1994

Soeng Sunim: *Thousand Peaks Korean Zen - Tradition and Teaching*, Pramax Press, Berkeley, CA 1987, S.172. Übersetzung: Sr. Ludwigis

Thich Nhath Thanh: Gebete aus *Einige buddhistische Gebete und Verse für die tägliche Praxis* nach Version 0.13, M.B. Schiekel, Ulm, 12.09.2006 (https://mb-schiekel.de/Gebete.pdf vom 02.09.2020)

Übrige Rezitationstexte entnommen aus dem Rezitationsheft von P. Willigis, Benediktushof/Sonnenhof (www.spirituelle-wege.de, www.benediktushof-holzkirchen und www.wsdk.de)

IMPRESSUM

Bibliografische Information der Deutschen Bibliothek: Die Deutsche Bibliothek verzeichnet diese Publikation in der Deutschen Nationalbibliografie; detaillierte Daten sind im Internet über <http://dnb.ddb.de> abrufbar.

© / Copyright: 2021 Karin El Souessi
Umschlaggestaltung, Layout und Fotos: Eva Höschl
Lektorat: Karim El Souessi
Herausgeber: Karim El Souessi
Herstellung und Verlag: BoD - Books on Demand, Norderstedt
ISBN 978-3-754-32175-1